Johannes Schlemmer (Hrsg.)
Neue Ziele für das Wachstum

Das Wort ›Wachstum‹ ist zu einem Zentralbegriff unseres auf Fortschritt eingeschworenen Bewußtseins geworden. Dabei wurde lange übersehen, daß das Wachstum – eine untergeordnete Funktion der Entwicklung – durch zwei entscheidende Faktoren bestimmt wird: durch sein Ziel und seine Grenzen.

In jüngster Zeit ist durch wissenschaftliche Berichte, die sich mit der Lage der Menschheit und ihrer Zukunftschancen beschäftigen, eine weltweite Diskussion über die Problematik des Wachstums in Gang gekommen. Die Menschheit ist sich der räumlichen und zeitlichen Begrenztheit ihrer Möglichkeiten auf dieser Erde bewußt geworden: Je mehr und je schnelleres Wachstum, desto näher rückt das Ende für ein menschenwürdiges Leben. Sind aber biologisch-ökologische Existenz und eine moderne Wirtschaftsordnung überhaupt ohne Wachstum denkbar? Bekannte Naturwissenschaftler, Mediziner, Soziologen, Politiker und Wirtschaftswissenschaftler antworten auf diese Frage und wollen in diesem Band Richtlinien geben für eine Neuorientierung des biologischen, gesellschaftlichen und wirtschaftlichen Wachstums im Sinne einer umweltfreundlichen, humaneren Lebensqualität.

Serie Piper:

Johannes Schlemmer (Hrsg.)

Neue Ziele für das Wachstum

12 Beiträge nach einer Sendereihe des »Studio Heidelberg«
Süddeutscher Rundfunk

Beiträge von:
Hans Christoph Binswanger
Willy Brandt
Herbert Giersch
Hans Grümm
Otto Koenig
Georg Picht
Bernhard Rensch
Wilhelm Schäfer
Dietrich Schmähl
Frederic Vester
Friedrich Vogel
Carl Christian von Weizsäcker

R. Piper & Co. Verlag

Das Heidelberger Studio
Eine Sendereihe des Süddeutschen Rundfunks
Leitung: Johannes Schlemmer
53. Sendefolge

ISBN 3-492-00368-0

Umschlag Wolfgang Dohmen
Gesetzt aus der Garamond-Antiqua
Gesamtherstellung Clausen & Bosse, Leck
Printed in Germany

Inhalt

Vorwort

Seit kurzer Zeit ist eine weltweite Diskussion im Gange, die sich am Phänomen des Wachstums und seinen Folgen entzündet hat. Ins Bewußtsein einer breiten Öffentlichkeit wurde die Kontroverse gebracht durch die Publikationen einiger Wissenschaftler des »Massachusetts Institute of Technology«. Besonders die Studie von Dennis Meadows über die ›Grenzen des Wachstums‹ hat eine wahre Flut von Stellungnahmen ausgelöst.

Und wie immer dann, wenn im Grunde wissenschaftliche Auseinandersetzungen den persönlichen Lebensbereich berühren, mischten sich mit den rationalen Argumenten emotionale Töne. Und oft genug blieb die Sachlichkeit auf der Strecke.

Worum es geht, ist inzwischen publik geworden. Es geht um unsere Zukunft. Dennis Meadows sieht diese Zukunft bedroht, wenn es nicht gelingt, das vom Menschen forcierte Wachstum in Übereinstimmung mit den begrenzten Möglichkeiten unseres Lebensraumes zu bringen. Seine Gegner sehen die Zukunft bedroht, wenn der Änderungswille – besonders der der radikalen Wachstumsgegner – die bisher angeblich bewährte Ordnung stört. Und damit meinen sie in erster Linie die Wirtschaftsordnung. Wie steht es mit dieser Diskussion? Sind die Gegensätze vielleicht nur durch Verständigungsschwierigkeiten bedingt, die in verschiedenen Auffassungen begründet liegen, die man vom Begriff Wachstum hat?

Die Wissenschaftsredaktion des Süddeutschen Rundfunks hat sich mit einer Vorlesungsreihe, die hier wiedergegeben wird, bemüht, einen Beitrag zur Klärung des Begriffs und zur Modifizierung der Vorstellung von einer wünschbaren Entwicklungsrichtung zu leisten. Diese Klärung wird besonders in den Hauptbereichen, in denen der Wachstumsbegriff eine Rolle spielt, versucht werden: im Bereich der Biologie und in dem der Wirtschaft. Und in beiden Bereichen sind Wachstum und Fortschritt nicht einfach identisch. Im Gegenteil, in den meisten Fällen der Wertbeziehungen scheint die Steigerung der Quantität die Qualität des Vermehrten zu mindern. Die biologischen Wissenschaften zeigen sogar, daß das Optimum nie das Maximum ist. Wenn wir die Zahl der Menschen bis zum Maximum dessen, was die Erde noch tragen kann, wachsen lassen – und die Ernährung ist dabei ja nur einer der vielen Grenzpfähle –, dann verzichten wir auf das Optimum der Lebensbedingungen. Wir wählen statt menschlichem Leben animalische Vegetation. Die Grenzen der Menschlichkeit sind enger. Uns unter diese Notwendigkeit der Selbstbeschränkung zu beugen, ist die Chance, die uns unsere Freiheit gibt.

Dies soll hier gezeigt werden.

Heidelberg, April 73 Johannes Schlemmer

Willy Brandt

Umwelt als internationale Aufgabe*

I.

Es ist kaum mehr als zehn Jahre her, da schien das Thema Umweltschutz hierzulande für Phantasten reserviert. Ich kann mich daran noch gut erinnern, und seitdem habe ich nicht zuletzt auf diesem Gebiet erfahren, welche Last sich aus verschleppten Reformen ergibt.

Wir sind in den letzten zehn Jahren Zeugen eines Bewußtseinswandels von geschichtlicher Auswirkung: Industrielle und technologische Revolution sowie wirtschaftliches Wachstum haben die menschlichen Möglichkeiten in einem bis dahin nicht gekannten Ausmaß erweitert. Gleichzeitig wird jedoch immer deutlicher, daß dieser Prozeß zu schweren Schäden der physischen und sozialen Umwelt führt, die die Existenz des Menschen gefährden. Der Ausnutzung von Rohstoffen und Technologien sind Grenzen gesetzt. Zunehmend wird deutlich, daß die Schäden an den Stadtgrenzen nicht haltmachen. Insofern sind die Verschmutzung des Bodensees und das Fischsterben im Rhein, um zwei sehr naheliegende Beispiele zu nennen, richtig eingeordnet worden.

Auch nimmt die Zahl derer zu, die sich klarzumachen wissen, daß krisenhafte Verschärfungen der Umweltsituation in *anderen* Teilen der Welt uns nicht gleichgültig lassen können. Hier wie anderswo spürt man, daß Probleme, die heute noch weit entfernt scheinen, schon morgen bei einem selbst auftreten können. Und es ist nicht Science Fiction, wenn wir hören, daß man in Tokio schon mit automatisierten Überwachungs- und Warnsystemen arbeitet, um die Bevölkerung vor plötzlich auftretenden Konzentrationen gefährlicher Schadstoffe zu schützen.

Der gewandelte Stellenwert des Umweltproblems und der tiefgreifende Bewußtseinswandel in der Welt kommen auch dadurch

* Wortlaut der Rede von Bundeskanzler Willy Brandt auf der Tagung der Nobelpreisträger in Lindau am 26. 6. 1972.

zum Ausdruck, daß die Vereinten Nationen dieses Thema aufgegriffen haben und in Stockholm eine der größten Konferenzen ihrer Existenz veranstalteten. Ihr Motto: »Only One Earth« – »Nur eine Erde« zeigt, worum es geht.

Es handelt sich nicht darum, die Welt das Umweltgruseln zu lehren, sondern es gilt, die Warnungen vor »programmiertem Selbstmord« so ernst zu nehmen, wie sie sind; nicht um vor den ernsten Gefahren zu resignieren, sondern um durch eine nüchterne Bestandsaufnahme rasch genug zu geeigneten Problemlösungen zu kommen.

II.

Umweltpolitik erfordert ein konsequentes Umdenken und verlangt die Änderung eingefahrener Gewohnheiten. Und zwar in doppelter Weise: Wir müssen lernen, die Umweltgefahren als ein weltweites, zugleich fast alle Bereiche des Lebens umfassendes Problem zu begreifen; und wir müssen prüfen, ob unser gesellschaftliches Wertsystem der Forderung nach einer angemessenen Qualität des Lebens standhält. Nachdem man sich jahrelang darauf beschränkt hatte, einzelne Symptome isoliert zu betrachten, beginnt nun das Verständnis dafür zu wachsen, daß zwischen den Faktoren, die die Umwelt des Menschen bestimmen, vielfache Verbindungen und Abhängigkeiten bestehen.

Ein wichtiges Indiz für die besonderen Gefahren der Umweltverschmutzung ist die Tatsache, daß Schäden, die durch Immissionen oder durch Eingriffe in die Biosphäre entstehen, nicht nur dort auftreten, wo sie verursacht werden. Das heißt nicht nur: Wer den Oberlauf eines Flusses verunreinigt, schädigt damit fast automatisch die Bewohner am Unterlauf. Sondern es heißt beispielsweise auch: Durch DDT verursachte Schäden können sich, teils direkt, teils durch Wechselwirkung mit anderen Prozessen, in Gebieten zeigen, in denen dieses Insektenschutzmittel nie verwendet wurde.

Die Auswirkungen von Umweltschädigungen erscheinen, wie das Beispiel DDT zeigt, jedoch häufig nicht nur räumlich, sondern auch zeitlich verschoben, so daß eine erhebliche Zeitspanne zwischen der Verursachung und der schädlichen Wirkung liegen kann. Die Gefahren werden häufig erst erkannt, wenn sie sich bereits millionenfach vervielfältigt haben.

Man sollte daraus die Lehre ziehen, daß es schon viel später ist, als wir denken möchten. Maßnahmen, die wir heute ergreifen, werden unheilvolle Prozesse unter Umständen erst in Jahren unter Kontrolle bringen können.

Auf die Notwendigkeit, Umweltprobleme weltweit und langfristig zu sehen, hat der Club von Rom in seinem Bericht zur Lage der Menschheit sehr eindringlich hingewiesen. Und dieser globale Aspekt hat nicht nur das Team des MIT (Massachusetts Institute of Technology) bei der Berechnung seines Weltmodells, sondern auch die britischen Wissenschaftler beschäftigt, die Anfang dieses Jahres einen »Blue Print for Survival«, d. h. ein Konzept für das Überleben der nächsten Generation veröffentlicht haben.

Die Einsicht in die schädlichen Auswirkungen eines einseitig quantitativ orientierten Wachstums ist rasch über den Kreis der Theoretiker hinausgedrungen. Ich denke hier, was die Bundesrepublik angeht, u. a. an die 4. Internationale Tagung der IG Metall in Oberhausen, auf der zu dieser Einordnung der Umweltprobleme Wesentliches gesagt wurde.

Selbstverständlich wird ein so komplexes Thema kontrovers diskutiert, denn wir stehen ja erst am Anfang einer intensiven Erforschung unserer Umweltbedingungen. Man wird deshalb auch über die Bewertung einzelner Fakten streiten können, aber über eines, glaube ich, sollte man nicht streiten: Einerlei, ob gewisse katastrophale Folgen der Umweltverschmutzung in 10, 50 oder in 100 Jahren eintreten, ob die Erschöpfung bestimmter Hilfsquellen schon in der nächsten Generation oder erst später zu verzeichnen sein wird, es geht um nicht weniger als darum, den Zusammenbruch unseres ökologischen Systems zu verhindern.

Dazu bedarf es fundierter Kenntnisse der weltweiten Zusammenhänge zwischen Rohstoffreserven, Nahrungsmittelproduktion, Bevölkerungswachstum, Industrialisierung und Umweltverschmutzung – um nur die wichtigsten Faktoren zu nennen. Die Interdependenz dieser Größen ist in letzter Zeit wiederum sehr eindrucksvoll durch die Untersuchungen des Club von Rom belegt worden.

Auch wenn man anmerken muß, daß es sich dabei nur um vorausgeschätzte mögliche Entwicklungen handelt, deren Voraussetzungen noch kritisch zu überprüfen sind, darf festgehalten werden,

- daß die Rohstoffvorkommen endlich sind,
- daß die Möglichkeiten – mit oder ohne Pestizide – so viel Nahrungsmittel zu produzieren, daß davon eine explosionsartig ansteigende Bevölkerung ernährt werden kann, begrenzt sind, und
- daß eine ständige, einseitig orientierte Steigerung des wirtschaftlichen Wachstums angesichts der bereits jetzt sichtbaren Umweltschäden schwere Gefahren zur Folge hat, die ohne eine Änderung der Konsumgewohnheiten nicht bewältigt werden können.

Wir sind gewarnt, und es ist nun die Aufgabe, nicht nur die vorhandenen Daten in unser politisches Koordinatensystem einzuordnen, sondern daraus dann auch ohne ungebührliche Verzögerung neue Prioritäten abzuleiten.

Hinter uns liegt die schmerzliche Erfahrung, daß ein hoher technischer Standard Verletzungen der Menschenwürde nicht aufhebt und neue nicht ausschließt. Es ist logisch, daß national und international verlangt wird, Umweltschutz in die Grundrechte einzubeziehen.

Aber machen wir uns nichts vor: Umweltschutz ist nicht gratis zu haben. Und wenn man wirklich eine bessere Qualität der Lebensbedingungen verwirklichen will, dann muß man Antworten auf die Fragen finden, die sich aus der engen Verflechtung von ökonomischen Interessen und Umweltschutz ergeben. Isoliert wirtschaftliche Rationalität ist gewiß nicht in der Lage, gesamtgesellschaftliches Wohlergehen zu sichern. Es bedarf zusätzlicher gemeinschaftlicher Anstrengungen, um die Lebensgrundlagen zu festigen.

Umweltschutz ist eine gesellschaftliche Aufgabe, die es gegen den Widerstand vielfältiger Sonderinteressen durchzusetzen gilt und die deshalb eine möglichst breite Zustimmung braucht. Dazu müssen viele Menschen begreifen, daß jeder Verursacher von Umweltschäden im Grunde auch Opfer der von ihm geschaffenen Zustände ist. Alle sind für die Umwelt, in der sie leben, mitverantwortlich.

Vor allem muß sich die Erkenntnis durchsetzen, daß sich der private Wohlstand aus zwei Komponenten zusammensetzt, einer individuellen und einer gemeinschaftlichen, und daß die zweite immer mehr Bedeutung erhält. Wenn aus dieser Erkenntnis nicht rasch genug Konsequenzen gezogen werden, drohen über einen inhumanen Materialismus hinaus schwere Störungen der gesellschaftlichen Ordnung.

Damit ich recht verstanden werde: Wir brauchen *Leistung*, damit wir den Aufgaben der Zukunft gerecht werden können. Aber wir werden unseren Scharfsinn in steigendem Maße darauf verwenden müssen, wie wir von einer bloßen Wachstumsmaximierung zu einer ausgewogenen Wachstumsoptimierung gelangen können. Oder, mit anderen Worten, zu besseren Lebensbedingungen.

Für die Wissenschaft und die praktische Politik ergeben sich neue Fragestellungen und Aufgaben. Vor allem ist zu fragen: Wie erreicht man die optimale Nutzung begrenzter Ressourcen?

Ich will gleich hinzufügen, daß ich nicht mit jenen Umweltforschern übereinstimme, die voreilig ein Nullwachstum propagieren. Diese Forderung muß allen jenen Gruppen und Ländern wie Hohn erscheinen, die in Armut leben und durch Entwicklung die wirtschaftliche Grundlage einer menschenwürdigen Existenz schaffen wollen. Es geht meiner Meinung nach nicht darum, das Wachstum anzuhalten, sondern es umzustrukturieren! Dies bedeutet, daß wir als Bestandteil vernünftiger Umweltplanung das Wachstum bei bestimmten Produkten drosseln, bei anderen, z. B. umweltfreundlichen Produkten, aber weiter steigern müssen.

III.

Nun wird mit Recht eingewendet, eine solche Vorstellung sei schon deshalb unrealistisch, weil man weder bei uns noch in anderen Ländern damit rechnen könne, daß sich das Umweltbewußtsein bei allen Produzenten gleich stark entwickeln werde. Das ist sicher so, und deshalb müssen Umweltvorschriften entwickelt werden, die nach Möglichkeit Wettbewerbsverzerrungen und Handelshemmnisse vermeiden. Dies dürfte nach unseren Erfahrungen – z. B. mit der Steuerharmonisierung – schon im Bereich der Europäischen Gemeinschaft ein dorniges Problem sein. Trotzdem wird es nicht nur regional, sondern weltweit zum Prüfstein für den Willen zur Gemeinschaft in Existenzfragen.

Hinzu kommt dies: Umweltschutz nur für die hochindustrialisierten Länder wäre eine sehr kurzsichtige Lösung – und außerdem moralisch nicht vertretbar. Auch in den Entwicklungsländern kommt es durch die einseitige Bodennutzung, die konzentrierte Anwendung chemischer Stoffe und durch die beginnende Industrialisierung zu Umweltschädigungen, die sich in den kommenden Jahren vermutlich noch verstärken werden. Daß die Entwicklungsländer die bisherige Umweltschutzpolitik der Industrieländer als einen Versuch zur Erhaltung ihrer ökonomischen Vormachtstellung mißverstanden haben, liegt sicher nicht *nur* daran, daß der Nord-Süd-Konflikt mit soviel Emotionen beladen ist.

Ohne wirksame Maßnahmen zur Eindämmung der Bevölkerungsexplosion und ohne eine durchdachte und substantielle Hilfe, mit der man den Entwicklungsländern von vornherein möglichst wirksam beim Aufbau umweltfreundlicher Produktionsverfahren beistehen kann, wird der Umweltschutz in den Entwicklungsländern eine halbe Sache bleiben.

Fachleute sagen uns, daß es kaum Chancen gibt, die Bevölkerungsexplosion noch in diesem Jahrhundert zu stoppen. Wo es im Bereich von Bildung, Beschäftigung, Ernährung, sozialer Sicherung und Gesundheitsdienst am Nötigsten fehlt, hat Familienplanung keine Chance, und wo Familienplanung nicht wirksam werden kann, gibt es wenig Fortschritt in Bildung, Beschäftigung, Ernährung, sozialer Sicherung und Gesundheitsdienst. Noch kontrolliert ein Drittel der Weltbevölkerung etwa 85 Prozent des Weltkapitals und verbraucht mehr als 80 Prozent der Energie- und Rohstoffproduktion. Solange diese Relationen bestehen, wird es schwer bleiben, die Entwicklungsländer mit unseren Vorstellungen von einer besseren Qualität des Lebens zu überzeugen.

Aber, und das gilt für alle Seiten, niemand kann sich vor der Erkenntnis verschließen, daß die Welt unteilbar geworden ist. Wir können uns schon deshalb unserer weltweiten und regionalen Verantwortung nicht entziehen.

Der Europäischen Gemeinschaft kommt wegen ihrer wirtschaftlichen und politischen Bedeutung auch im Bereich des Umweltschutzes eine Schlüsselfunktion zu. Das Schreiben Sicco Mansholts an den damaligen Präsidenten der Europäischen Kommission (Malfatti) vom Februar 1972 ist ein bemerkenswerter Versuch, die Rolle der Europäischen Gemeinschaft auch in diesem Sinne neu zu definieren.

Ich kann Mansholt in einer Reihe von Punkten nicht folgen. Aber ich bin mit ihm der Meinung, daß wir uns über die soziale Dimension der Europäischen Gemeinschaft Klarheit verschaffen sollten. Und ich bewundere den Mut, mit dem er gleich einer ganzen Herde heiliger Kühe zu Leibe rückt.

Die Forderung, »den Zivilisationsplunder über Bord zu werfen«, wie Georg Picht in einer Würdigung der Mansholtschen Vorschläge formuliert hat, braucht man sich nicht in extremer Auslegung zu eigen zu machen. Aber notwendig ist es – wie ich schon darzulegen versuchte –, den privaten Verbrauch in ein vernünftiges Verhältnis zu bringen zu den Gemeinschaftsaufgaben wie soziale Sicherung, Bildung und Infrastruktur und zu den immateriellen Gütern wie kulturelle Entfaltung, Freizeitgestaltung und Erholung. Der Erhaltung natürlicher Lebensgrundlagen dienen nach Mansholts Konzept Vorschläge zur Förderung umweltfreundlicher Technologien, zur Verlängerung der Lebensdauer von Investitionsgütern und zur Entwicklung eines umweltschützenden Produktionssystems.

Eine möglichst breite Diskussion über die Sicherung unserer Lebensgrundlagen wird dazu beitragen, die Bereitschaft zu gemeinsamem Handeln zu fördern. Wir brauchen eine Harmonisierung der Umweltpolitik, die Wettbewerbsverzerrungen verhindert und dafür sorgt, daß es keine »billigen Flaggen« des Umweltschutzes gibt, und wir brauchen koordinierte Maßnahmen zur Beseitigung von Umweltschäden.

Ich begrüße es deshalb, daß sich die in den Empfehlungen der Europäischen Kommission entwickelten Vorstellungen in wesentlichen Teilen mit denen des deutschen Umweltprogramms decken. So bekennt sich die Europäische Kommission ebenso wie wir in der Bundesrepublik zum Verursacherprinzip. Die Partner der Europäischen Gemeinschaft werden gemeinsam prüfen müssen, welche Maßnahmen vordringlich in Angriff genommen werden sollen. Und man wird sich auch zu fragen haben, ob die rechtlichen Möglichkeiten der Europäischen Gemeinschaft ausreichen. Dabei werden wir nicht in jedem Fall Gemeinschaftslösungen abwarten können, wenn es gilt, akute Umweltgefahren im eigenen Lande zu bekämpfen.

Wir brauchen auch eine gesamteuropäische und eine internationale Kooperation auf dem Gebiet des Umweltschutzes. Die Probleme der Umweltverseuchung stellen sich ja unabhängig von den Gesellschaftssystemen. Und gerade auf diesem Gebiet sollte die Zusammenarbeit nicht durch ideologische Schranken beeinträchtigt werden. Dies ist um so notwendiger, als Umweltfragen neue Konfliktstoffe im Verhältnis der Staaten zueinander aufwerfen. Hier gilt es, zeitig genug Vorkehrungen zu treffen, um aufkommende Konflikte mit Hilfe geeigneter Verfahrensweisen und internationaler Organisation auf friedlichem Wege auszutragen und zu regeln.

Doch lassen Sie mich gleich hinzufügen: Ein globales technokratisches Weltmanagement, das den Vertretern des Club von Rom offenbar vorschwebt, erscheint mir nicht erfolgversprechend. An den politischen Realitäten von heute kann man mit Aussicht auf Erfolg nicht vorbeiplanen. Die Lösung dieser Fragen sollte im Rahmen der *bestehenden* internationalen Organisationen gesucht werden. Ihre vorhandenen organisatorischen Möglichkeiten müssen allerdings effektiver genutzt werden – dies erscheint mir rationeller, als neue Institutionen zu schaffen. Dabei ist es notwendig und hoffentlich auch möglich, gemeinsame Auffassungen über Prioritäten zu entwickeln und langfristige Ziele festzulegen.

Ein wichtiger Auftakt zu weltweiten Bemühungen um eine bessere Qualität des Lebens war die Stockholmer Umweltkonferenz im Juni 72. Ich bedaure, daß es nicht gelungen ist, die Schwierigkeiten auszuräumen, durch die sich die Sowjetunion und andere Staaten des Warschauer Paktes an der Teilnahme gehindert sahen. Aber ich gehe davon aus, daß die Differenzen – die mit der Sache selbst nichts zu tun haben – beigelegt werden können und die Arbeit zum Wohle der Menschen in Ost und West bald mit allen in der UNO vertretenen Staaten fortgesetzt werden kann.

Die in Stockholm verabschiedete Erklärung zur Umwelt des Menschen scheint mir als Grundlage dafür sehr geeignet. Sie setzt Orientierungspunkte für ein noch zu schaffendes neues Völkerrecht auf dem Gebiete des Umweltschutzes und bildet die Basis und den

Rahmen für den Aktionsplan, in den die zahlreichen Empfehlungen der Arbeitsgruppen einfließen.

Ich nenne als Beispiel die Empfehlung zur Verstärkung der Umweltforschung und zum System der »Erdwacht«, mit deren Hilfe weltweite Umweltschäden ermittelt und kontrolliert werden; weiterhin die Empfehlung, daß Abfallstoffe nicht auf hoher See versenkt werden sollen; auch die Empfehlung, daß Umweltschutz nicht zu Lasten der Entwicklungshilfe gehen darf. Der auf Vorschlag von Präsident Nixon – auch mit deutscher Unterstützung – geschaffene Umweltfonds ermöglicht den Aufbau weltweiter Überwachungs- und Informationssysteme.

In Stockholm ist unter den 114 anwesenden Staaten ein Konsensus hergestellt worden, der die Entwicklung positiv beeinflussen kann.

Es ist zu hoffen, daß die Vollversammlung der Vereinten Nationen die Empfehlungen der Arbeitsgruppen annimmt. Der Umweltschutz wird der Weltorganisation neue Impulse geben. Dabei werden der neue »Governing Council« und das Umweltsekretariat die weltweiten Initiativen auf dem Gebiete des Umweltschutzes koordinieren, konsolidieren und weiter vorantreiben müssen. Die Bundesrepublik Deutschland ist – daran möchte ich keinen Zweifel lassen – zu einem aktiven Beitrag in diesen Gremien bereit.

IV.

Aber täuschen wir uns nicht: Die jetzt in Gang gekommenen Aktivitäten werden bei weitem nicht ausreichen, um den unheilvollen Prozeß der Zerstörung unserer Umwelt aufzuhalten. Diese Aktivitäten stehen immerhin am Anfang eines weltweiten Bewußtseinswandels, den es mit allen Kräften zu fördern gilt. Um die Richtung abzustecken, an der sich unsere Bemühungen in Zukunft zu orientieren haben, möchte ich hier wiederholen dürfen, was ich im November 1970 in Bonn zum Abschluß des Europäischen Naturschutzjahres gesagt habe:

»Wir müssen künftig auf manches verzichten, was zwar ökonomisch rentabel, aber gesellschaftlich bedenklich ist. Und wir müssen manches, was ökonomisch als unrentabel erscheinen mag, gesellschaftlich durchsetzen.«

Das ist das Problem. Sicher ist unsere freiheitliche Gesellschaft durchaus wandlungsfähig, aber die Schwierigkeiten wachsen zunächst schneller als die Fähigkeiten und Möglichkeiten der Politik, sie zu lösen. Umweltfragen sind Neuland für uns alle. Sie sind eine Herausforderung für alle, die politische Verantwortung tragen, und das sind nicht nur die Politiker, das sind die Bürger und das sind nicht zuletzt die Wissenschaftler, die ich von hier aus eindringlich um verstärkte Mithilfe bitten möchte. Wir brauchen ihre Forschungsergebnisse und ihren Rat, damit wir unsere Entscheidungen auf möglichst breite Kenntnisse stützen können. Wir brauchen auch ihr Engagement in der Öffentlichkeit.

Es scheint mir bemerkenswert, daß sich die Wissenschaftler des M. I. T. mit ihrem Buch über die Grenzen des Wachstums bewußt an die Öffentlichkeit und nicht an ein wissenschaftliches Publikum gewandt haben. Sie waren der Meinung, daß die Folgen, die sich aus ihrer Untersuchung ergeben, »weit über den Inhalt einer rein wissenschaftlichen Schrift hinausreichen«. Damit haben diese Wissenschaftler bewußt den Dialog mit der Politik und mit all denen gesucht, die täglich Entscheidungen fällen und Meinungen bilden, welche die physikalischen, wirtschaftlichen und sozialen Verhältnisse auf der Welt für Jahrzehnte beeinflussen können.

Ich bin dankbar für ein solches Angebot. Der Weg der Wissenschaft in die öffentliche Verantwortung folgt der Überzeugung, daß Katastrophen verhindert werden können, wenn alle, die es angeht, rechtzeitig über die notwendigen Informationen verfügen. Das war bei der Atombombe *nicht* der Fall, aber gerade die Entwicklung auf diesem Gebiet hat die Wissenschaft in ihrem Selbstverständnis entscheidend verändert. Wir sollten ihr gesellschaftspolitisches Engagement für eine bessere Qualität des Lebens sehr ernst nehmen.

Verantwortliche Umweltpolitik braucht geschärfte wissenschaftliche Arbeitsinstrumente und umfassende wissenschaftliche Beratung. In immer stärkerem Maße werden daher in Zukunft von der Wissenschaft nicht nur Fachinformationen, sondern Analysen sehr verwickelter und in ihrem Kausalverlauf schwer erfaßbarer Zusammenhänge zwischen Natur und Gesellschaft verlangt werden. Dies setzt freilich auch im Bereich der Wissenschaft ein Umdenken voraus. Sie wird durch ein interdisziplinäres Verhalten bestimmt sein und durch ein häufig politisch motiviertes Umsetzen in die Praxis ergänzt werden müssen.

Das – in der Verantwortung von Innenminister Genscher entwikkelte – Umweltprogramm meiner Regierung, seine Entstehung und Verwirklichung geben ein brauchbares Beispiel dafür, wie der Dialog zwischen Wissenschaft und Politik aussehen kann. Wissenschaftler und Verwaltungssachverständige haben eine Bestandsaufnahme erarbeitet, die Grundlage für die Entscheidung des Kabinetts war. Parlament und Öffentlichkeit konnten sich durch Veröffentlichung dieser Materialien über alle Voraussetzungen und Annahmen orientieren und diese kritisch überprüfen. Ein unabhängiger Sachverständigenrat für Umweltfragen mit Wissenschaftlern verschiedener Disziplinen wurde eingerichtet, um die Bundesregierung wissenschaftlich zu beraten und zu wichtigen Fragen der Umweltpolitik Stellung zu nehmen.

Noch ist es Zeit, das Steuer herumzuwerfen. Unsere Bemühungen um eine friedliche Zukunft der Menschheit dürfen nicht bei der Verhinderung bewaffneter Konflikte enden. Wir hätten wenig erreicht, wenn die Menschen in Zukunft nicht mehr durch Kriege, sondern durch Umweltkatastrophen ungekannten Ausmaßes in ihrer Existenz bedroht würden. Umweltschutz dient daher auch der Sicherung des Friedens; sie ist – wenn man so will – verlängerte Friedenspolitik.

Dietrich Schmähl

Wachstum ohne Grenzen?

Bei der weltweiten Diskussion des Wachstumsbegriffes, die durch die neuerlichen Erfahrungen der Begrenztheit der menschlichen Existenz ausgelöst wurde, gerät allzu leicht in Vergessenheit, daß dieser Wachstumsbegriff eine zentrale Bedeutung in der Biologie besitzt. Wachstum ist eine der Grundeigenschaften des Lebendigen, es kennzeichnet einen Teilvorgang im übergeordneten Geschehen der Entwicklung. Und so wie die biologischen Wissenschaften unterscheiden zwischen der Entwicklung des Einzelwesens, der Ontogenese, und der Entwicklung des Stammes, der Phylogenese, genauso wird man auch das Wachstum in diesen beiden Bereichen betrachten und seine Bedeutung erörtern müssen. Das wird speziell in den ersten Beiträgen dieser Vorlesungsreihe geschehen.

Ich möchte nur einen wichtigen, vielleicht den entscheidenden Aspekt heute schon vorwegnehmen. Denn es hat einen Grund, daß man einen Krebsforscher gebeten hat, den einleitenden Vortrag zu halten. Er kann dieses entscheidende Kriterium für physiologisches, d. h. gesundes, der Entwicklung ein- und untergeordnetes Wachstum liefern, denn er hat ja die Grenzüberschreitung dieses Wachstums zum Objekt seiner Forschertätigkeit gemacht. Wachstum, so lautet auf einen Satz gebracht diese Erkenntnis, ist bestimmt durch seine Grenze und sein Ziel. Das, was wir Krebsforscher täglich tausendmal als zerstörerisch wucherndes Gewebe beobachten, ist ein Wachstum, das seine dienende Funktion verloren hat, es ist nicht mehr eingeordnet in den Plan der Entwicklung. Und bei der Beobachtung dieses grenzenlosen invasiven Zellwachstums drängt sich dem Forscher oft genug die Frage auf, ob dieses Phänomen des Verlustes der Ordnung, das im zellulären Verband Krebs bedeutet, auch im Wachstum der Stämme und Arten mit gleichen Folgen existiert und ob es vielleicht sogar für alle organisierten Ordnungen gilt, solange diese eine Entwicklung durchmachen.

Dabei fallen einem die Synonyme für Wachstum in anderen Bereichen ein, Begriffe, die wir alle aus täglichen Diskussionen kennen: Expansion, Zuwachsrate usw. Ich stelle diese Frage, und vielleicht wird diese Vorlesungsreihe einige Gedanken zu einer möglichen Antwort beitragen.

Mein Thema ist das physiologische Wachstum und seine Entartung – ich wiederhole –, das Wachstum, das im Ziel und in seiner Ausdehnung begrenzt ist und das unter- und eingeordnet ist in das Geschehen der Ontogenese, der Entwicklung des Individuums, seiner Organsysteme und seiner Organe.

Der Begriff »Wachstum« bedarf einer naturwissenschaftlichen Definition und Abgrenzung. Er kann sowohl die volumenmäßige Vergrößerung von Zellen und somit auch von Organen ausdrücken, aber auch die Vergrößerung derselben durch Zunahme der Zellzahl, der Population von Einzelindividuen. Diese Unterscheidung einer Hypertrophie von einer Hyperplasie ist naturwissenschaftlich und medizinisch von großer Bedeutung, weil bestimmte Krankheitsbilder durch eben diese Phänomene charakterisiert sind. Daneben gibt es aber auch ein Wachstum, das physiologischerweise mit einer Zellvermehrung gekoppelt ist, wie z. B. die embryonale Entwicklung.

Die befruchtete Eizelle ist omnipotent. Im Laufe der embryonalen Entwicklung bilden sich form- und funktionsgebende Kräfte durch Wechselwirkungen bestimmter Zellverbände untereinander. Die Omnipotenz geht zugunsten der Funktion verloren, die Differenzierung setzt ein. Dabei sind »höherwertige« Zellkomplexe dominant über andere, d. h., ihre Entwicklung und Ausbildung wird vorrangig betrieben. Alle diese Prozesse sind rhythmisch gesteuert und festgelegt.

Jedes gesunde physiologische Wachstum ist determiniert. Das gilt sowohl für die Entwicklung des Individuums als Ganzes wie auch für die Entwicklung einzelner Organsysteme oder Organe. So ist z. B. im Regelfall die Körpergröße als unveränderliche Konstante genetisch vorgegeben, die durch Umweltbedingungen im postnatalen Leben nur unwesentlich verändert werden kann, es sei denn durch gewaltsame Einflüsse von außen (Unfälle, Krankheiten usw.). Das gleiche gilt für den knöchernen Umfang der Körperhöhlen oder für die Größe der Organe, zumindest was ihren zellulären Gehalt anlangt. Bei Konstanz derselben kann aber der Umfang und das Gewicht solcher Organe durch Milieueinflüsse verändert werden, wenn durch krankhafte Prozesse z. B. Fett- oder Bindegewebe in vermehrtem Maße in sie eingelagert wird. Selbstverständlich hat dies mit »Wachstum« nichts zu tun.

Im erwachsenen Organismus gehen ständig Zellen zugrunde, die wieder regeneriert werden müssen. Während manche Blutzellen oder Zellen der Darmschleimhaut nur eine Lebenszeit von wenigen Tagen oder Wochen haben, haben Zellen der Leber eine Lebenszeit von vielen Monaten und solche des zentralen Nervensystems von vielen Jahrzehnten. Es bestehen also von Organ zu Organ erhebliche Unterschiede. Es soll aber festgehalten werden, daß die meisten Organe ständig ihren Zellbestand neu regenerieren müssen. Diese Regeneration ist nicht überschießend, sondern fügt sich altruistisch und den Notwendigkeiten entsprechend in den Gesamtplan des Organaufbaus ein. Welche Mechanismen und Regelkreise diese überaus wichtigen Regulationen der Zellerneuerung bestimmen, ist bis heute weitgehend unbekannt. Man glaubt neuerdings, bei experimentellen Untersuchungen vor allem in der Haut Stoffe gefunden zu haben, die die Zellteilungen innerhalb der Regeneratzone der Haut steuern. Es handelt sich dabei um sogenannte »Chalone«. Inwieweit derartige Chalone im lebenden Organismus eine Rolle für das Zellteilungsgeschehen spielen, ist bis heute noch nicht abzusehen.

Betrachten wir den Aufbau eines Organismus, so können wir zumindest vier Unterteilungen treffen, die die Struktur eines biologischen Körpers veranschaulichen. Die kleinste funktionelle Einheit ist die Zelle, in deren Innerem sich ein wahres Wunderwerk von Syntheseleistungen hochwertiger, lebenswichtiger Bestandteile abspielt. Diese Syntheseleistungen werden offenbar durch Rückkoppelungsmechanismen gesteuert. So gibt es z. B. im Zellplasma Orte, an denen bestimmte Eiweißsubstanzen synthetisiert werden. Wie viele solcher Proteine und welche Art von ihnen hergestellt werden sollen, bestimmt ein anderes Zentrum der Zelle, das im Zellkern liegt und an diese Eiweißfabriken einen eindeutigen Befehl gibt, eine ganz spezifische Art von Eiweiß zu synthetisieren. Dieser Befehlsinhalt wird offenbar bestimmt von dem Funktionszustand, in dem sich die Zelle gerade befindet. Die Notwendigkeit, einen essentiellen Stoff aufzubauen, wird also durch die momentane Zellfunktion veranlaßt. Nicht das Angebot steuert hier die Nachfrage, sondern die Notwendigkeit, wenngleich das potentielle Angebot auf alle Notwendigkeiten eingerichtet sein muß. Unendlich viele Zellen mit gleichen Funktionseinheiten bilden nun ein Organ. Dieses Organ hat im Gesamtplan des Organismus spezifische Aufgaben zu erfüllen. Viele Organe, die durchaus unterschiedliche Funktionen haben können, bilden ein Organsystem, wie z. B. das Verdauungssystem, das Nervensystem oder das Skelettsystem. Diese Organsysteme dienen letztlich dazu, bestimmte Notwendigkeiten, die für das Leben essentiell sind, zu bewältigen, wie z. B. die Nahrungsaufnahme, einschließlich Verdauung und Ausscheidung, oder die Atmung und damit Versorgung des Gesamtorganismus mit dem lebensnotwendigen Sauerstoff. Die Organe und Organsysteme zusammengenommen bilden schließlich den Gesamtorganismus mit all seiner hochspezifischen Individualität.

Betrachten wir die Lebensdauer eines Individuums, so stellen wir fest, daß diese ganz offenbar speziesspezifisch festgelegt ist. So lebt die sog. Eintagsfliege nur wenige Tage, das Leben eines kleinen Nagetiers, z. B. einer Ratte, dauert maximal drei Jahre, das Leben eines Hundes zwölf bis fünfzehn Jahre und das menschliche Leben manchmal 90–100 Jahre. Es ist zwar durch entsprechende hygienische Maßnahmen gelungen, die mittlere Lebenserwartung der Menschen in den letzten hundert Jahren erheblich zu steigern, und zwar von 45 Jahren auf derzeit etwa 68 Jahre. Trotz aller Fortschritte der Medizin hat sich aber die maximale Lebenserwartung des Menschen nicht verändert. Sie ist genetisch festgelegt nach einem bestimmten, uns unbekannten Plan. Wir können die Alterung unserer Organe und Gewebe beschreibend verfolgen, wissen aber letztlich nicht, welche Abnutzungsfaktoren auch die Alterung bestimmen. Der Aufbauphase im menschlichen Leben, die nach der Geburt noch etwa fünfzehn Jahre andauert, folgt eine Phase der Erhaltung und Konstanz, die bis ins vierte Lebensjahrzehnt hinein dauert, um schließlich von der Abbauphase abgelöst zu werden. Das, was für das Einzelindividuum gilt, scheint nach allem, was wir aus der Naturgeschichte wissen, auch für die Arten in sich zu gelten. Frühphasen werden von Hochblüten und Verfall abgelöst. Auch hier erkennen wir artspezifische Entwicklungen, die im Laufe von vielen Jahrtausenden entweder zum Aussterben der Art geführt haben oder aber zu einer Weiterentwicklung in neue Arten hinein.

Kehren wir nun wieder zur Betrachtung eines Einzelindividuums zurück. Wenn wir uns fragen, welche Regelmechanismen die Wachstums- und Regenerationsprozesse im Körper steuern, so müssen wir wahrheitsgemäß sagen, daß wir in den meisten Fällen darüber noch nichts wissen. Wohl kennen wir einige Hormone, die auf bestimmte Organe oder Organsysteme einen hemmenden oder fördernden Proliferations- und Funktionsreiz ausüben können – als Beispiele seien die Genitalfunktionen oder auch die Schilddrüsenfunktion erwähnt –, wenn wir uns aber fragen, welche Systeme z. B. die Leberregeneration oder die Nierenzellerneuerungen steuern, so müssen wir unsere Unkenntnis darüber bekennen.

Jedermann von uns kennt das Phänomen, daß eine Verletzung, z. B. der Haut infolge einer Schnittwunde, innerhalb weniger Tage oder Wochen vollständig auszuheilen vermag. Der durch die Verletzung gesetzte Defekt wird durch neue Zellen gedeckt, die sich in Form einer mehr oder minder sichtbaren Narbe wieder absolut plastisch dem Hautrelief anpassen können. Die zur Regeneration an allen Stellen des Körpers offenbar bereitliegenden Zellverbände haben nach der Verletzung ihre Tätigkeit aufgenommen und dieselbe zur Ausheilung gebracht. Das Erstaunliche an diesem Phänomen ist nun nicht unbedingt die Tatsache, daß solche Verletzungen gleichsam von innen heraus zellulär abgedeckt werden können, sondern vielmehr die Beobachtung, daß die für die Regeneration verantwortlichen Zentren genau wissen, wann sie ihre Tätigkeit wieder einzustellen haben, wann also ihre Aufgabe erfüllt ist und der Defekt der Regeneration nicht mehr bedarf. Es müssen also Wechselwirkungen zwischen der Wunde und den Regenerationszentren bestehen, die die Tätigkeit dieser Regenerationszone bestimmen. Höchstwahrscheinlich handelt es sich dabei um humorale Faktoren, über deren Konstitution wir indessen bis heute nichts wissen. Mir erscheint dieses soeben beschriebene Bild des geordneten Wachstums von ganz entscheidender Bedeutung für die Erhaltung des individuellen Lebens zu sein, denn existierte es nicht, so würde konsequenterweise schon jede kleine Verletzung zu einem überschießenden Wachstum führen, die die baldige Erschöpfung der Regeneratzonen als Konsequenz hätte.

Das Gegenteil der soeben beschriebenen geordneten Vermehrung und des geordneten Wachstums ist nun das ungeordnete, das wilde zelluläre Wachstum, das sich in der Krebskrankheit manifestiert. Sie ist das bestürzende Ergebnis der Unordnung im Zelleben. Krebszellen sind im allgemeinen nicht mehr in der Lage, den Steuerungsmechanismen des Körpers zu gehorchen. Man hat die Krebszellen deswegen als eigene »Zellrasse« beschrieben, die durch ihr egoistisches Wachstumsverhalten den auf Altruismus angewiesenen Aufbau des eigenen Körpers stören und somit letztlich ihn und damit auch sich selbst vernichten. Krebszellen sind auch in der Lage, im Gegensatz zu den meisten anderen Körperzellen, in einem fremden Milieu zu wachsen und dort Tochtergeschwülste, sog. Metastasen, zu bilden. Die Krebszelle ist offenbar korrelationstaub geworden und nimmt die Signale ihrer eigenen engsten Umwelt nicht mehr wahr.

Bei manchen Formen der Krebskrankheit können wir aber noch übergeordnete Regelsysteme erkennen, die das Wachstumsverhalten mancher Geschwulsttypen zu beeinflussen vermögen. So ist z. B. häufig das Wachstum des Brustdrüsenkrebses der Frau an seinem Beginn noch von bestimmten Hormonen abhängig. Das gleiche gilt für das Wachstumsverhalten des Prostatacarcinoms des Mannes. In dieser »hormonempfindlichen« Wachstumsphase kann man daher nicht selten das Wachstum dieser Geschwulsttypen durch eine hormonelle Therapie temporär bremsen. Später, im Laufe von Jahren geht diese Hormonempfindlichkeit der Krebszellen häufig genug verloren, die Zellen verwildern, werden hormonunabhängig und sind demgemäß einer hormonellen Therapie auch nicht mehr zugänglich. Was diesen Umschlag im einzelnen bewirkt, wissen wir bis heute nicht. Dieses Beispiel zeigt uns aber, daß selbst Krebszellen in bestimmten Wachstumsphasen noch Regulationen des Körpers unterworfen sein können. Die Entdeckung und Bearbeitung von Regelmechanismen für Tumorzellen ist daher eine wesentliche Aufgabe der Krebsforschung.

Manche Krebsformen ahmen in ihrem mikroskopischen Erscheinungsbild den Aufbau des Mutterorgans, von dem sie abstammen, nach, ja, es gibt auch Geschwulsttypen, die die Organfunktionen zu simulieren versuchen. Dies führt aber stets zu pathologischen Fehlleistungen. Gutartige Tumoren lassen i. d. R. den organoiden Aufbau ohne Schwierigkeiten erkennen. Sie grenzen sich somit von den bösartigen, strukturell verwilderten Geschwülsten ab, was auch für das biologische Verhalten (Invasion, Destruktion, Metastasierung) zutrifft. Diese Beispiele sollten in aller Kürze zeigen, welche Vielfalt von Spielarten auch das ungeordnete Wachstum kennt.

Wenn wir sehr vereinfachend das Verhalten von Krebszellen gegenüber gesunden Körperzellen beschreiben wollen, so können wir sagen, daß bei ihnen das Verhältnis von Zellteilungsphase zu Ruhephase zugunsten der Teilungsphase verschoben ist, d. h., die Tumorzellen teilen sich häufiger als gesunde Zellen. Diese Zellunruhe geht primär nur von wenigen Körperzellen aus, die aber meist innerhalb eines Organs liegen. Diese ersten zellulären Ereignisse entziehen sich wahrscheinlich bereits den Regulationen des Körpers und ebenfalls dem Empfinden des Individuums. Erst wenn der Krebsknoten eine gewisse Größe erreicht hat und damit irgendwelche Lebensfunktionen zu stören beginnt, wird er als Krankheit bemerkt. Im Zusammenhang mit unserem Thema scheint mir die Feststellung von besonderer Wichtigkeit zu sein, daß die Zerstörung eines, im ganzen gesehen vielleicht sogar kleinen Organs, oder die Verhinderung der geordneten Funktion eines Organsystems durch einen Krebsknoten, den Tod des gesamten Individuums zur Folge haben kann, obwohl bei diesem andere Organe oder Organsysteme voll funktionsfähig und gesund geblieben sein können. Anders ausgedrückt heißt das, daß für die Aufrechterhaltung eines geordneten Lebens innerhalb eines Organismus alle Systeme aufeinander angewiesen sind und daß die Störung eines Organs oder Organsystems die Zerstörung des Gesamten zur Folge haben kann.

Würde mir als Mediziner die Frage gestellt, ob ich mir im biologischen Bereich eine Vermehrung und ein Wachstum ohne Determination und Plan vorstellen könnte, so müßte ich diese Frage eindeutig mit Nein beantworten. Die Katastrophe des ungeordneten Wachstums und der ungeordneten Vermehrung stellt sich uns täglich im malignen Tumor, in der Krebskrankheit dar. Die einzig mögliche Therapie dieser Krankheit ist die operative Entfernung des kranken Gewebes oder die Zerstörung der Krebszellen durch radiologische oder chemotherapeutische Maßnahmen. Eine Rückentwicklung der »kranken« Krebszelle zu einer gesunden Körperzelle kommt praktisch nicht vor.

Zur Beantwortung der dieser Vortragsreihe übergeordneten Themen, in meinem Falle einer möglichen Parallele zwischen biologischer und ökonomischer Entwicklung, fühle ich mich nicht kompetent, da ich von den Wirtschaftswissenschaften nichts verstehe. Ich weiß auch nicht, ob Reflektionen überhaupt erlaubt wären, da nur Vergleichbares miteinander verglichen werden kann. Mir scheinen indessen Ökonomie und Biologie in ihren Grundlagen und Denkansätzen bei der wissenschaftlichen Betrachtung ihrer Probleme und Problematiken zu verschieden zu sein, um Gemeinsamkeiten oder trennende Elemente herausarbeiten zu können. Damit soll indessen den Ergebnissen von Untersuchungen, wie sie in dieser Sendereihe noch aufgezeigt werden, nicht vorgegriffen werden. Sollten Parallelen zwischen biologischer und ökonomischer Entwicklung und der Bedeutung des Wachstums in beiden Bereichen dargestellt werden können, so würde dies für die Bewältigung der Zukunftsprobleme nur positiv zu bewerten sein.

Bernhard Rensch

Entwicklung und »Wachstum« von Arten

Wenn wir von der Entwicklung tierischer und pflanzlicher Arten sprechen, so müssen wir bedenken, daß dieser Begriff zwei ganz verschiedene Bedeutungen hat. Kräuter wie Bäume entwickeln sich gewöhnlich aus einem Samen, Tiere zumeist aus einem Ei. Die entsprechenden Keimzellen teilen sich viele Male, bilden verschiedenartige Zelltypen und Gewebe aus, es entsteht ein Embryo und schließlich ein erwachsener Organismus. Das ist das Wachstum und die Entwicklung eines Individuums. Alle Arten haben aber auch eine stammesgeschichtliche Entwicklung durchgemacht, d. h., sie haben sich im Laufe von Jahrtausenden und Jahrmillionen allmählich in ihrer erblichen Struktur gewandelt. Wenn wir bei diesen langfristigen Änderungen gelegentlich auch von »Wachstum« sprechen, so meinen wir die Erhöhung der Individuenzahl und die damit verbundene Vergrößerung des Verbreitungsgebiets.

Diese Vorgänge stammesgeschichtlicher Entwicklung und stammesgeschichtlichen Wachstums haben nun auch für uns Menschen eine ganz aktuelle Bedeutung. Stellt doch auch der heutige Mensch, der *Homo sapiens*, eine allmählich von Affen-Vorfahren entwickelte Art dar, eine Art, die also nicht schon alle Zeit so gestaltet war wie heute und die sich wahrscheinlich auch in Zukunft noch etwas wandeln wird. Zugleich zeigt sie ein bedrohliches stetes Wachstum der Bevölkerungszahlen, obwohl sie nur noch über beschränkte Ausbreitungsmöglichkeiten verfügt. Außerdem weist unsere wirtschaftliche und kulturelle Entwicklung vielerlei Parallelen zu Erscheinungen und Regeln der Stammesentwicklung von Tieren und Pflanzen auf. Wir werden darauf noch zu sprechen kommen. So kann uns das biologische Studium von Entwicklung und Wachstum der Arten mancherlei Aufschlüsse geben, die uns helfen, Probleme unseres historischen Werdens wie heutigen Lebens zutreffender zu beurteilen.

Was verstehen wir nun unter einer *»Art«*, einer »Spezies« im Tier- und Pflanzenreich? Wenn wir die niedrigsten Lebewesen, die

Bakterien, einbeziehen, so ist es nicht leicht, eine eindeutige Antwort zu geben. Bei allen anderen Lebewesen, besonders bei den sich geschlechtlich fortpflanzenden, ist das etwas einfacher. Nun will ich aber hier nicht notwendigerweise etwas komplizierte, gelehrte Definitionen geben. Es mag genügen, kurz das Wesentliche anzudeuten. Zu einer Art fassen wir jeweils alle Individuen zusammen, die aufgrund weitgehend übereinstimmender Erbanlagen von mehr oder minder gleichem Bau und gleichem Aussehen sind und die gewöhnlich auch in den letzten Tausenden von Generationen annähernd gleichgeblieben sind. Wichtig ist weiterhin, daß die Paarungen von Angehörigen einer Art fruchtbare Nachkommen ergeben.

Zahllose Versteinerungen früher existierender Tiere und Pflanzen gestatten uns nun aber auch, das Werden von Arten über viel längere Zeiträume, über Hunderttausende und Millionen von Jahren hinweg zu studieren. Das ist besonders dann möglich, wenn die Fossilien aus zeitlich nacheinander abgelagerten Gesteinsschichten stammen. Dabei wird fast stets deutlich, daß sich die Arten allmählich geändert haben und daß die heute lebenden Arten von anders gestalteten ausgestorbenen Arten abstammen. Es ist sogar höchstwahrscheinlich, daß alle Tier- und Pflanzenarten Glieder eines riesigen, reich verzweigten Stammbaums sind. Das bedeutet, daß jede ausgestorbene Art einen kleinen Abschnitt eines solchen Stammbaumzweiges darstellt und jede heute lebende Art eine derzeitige Zweigspitze. Auch der jetzige Mensch ist als eine solche Spitze eines Zweiges anzusehen, eines Zweiges, der von äffischen Vorfahren über Affenmenschen und Urmenschen zu ihm hinführte. Dabei bestand ein ganz kontinuierlicher materieller Zusammenhang in der Kette der Generationen, weil jeweils aus den Keimzellen einer Generation die nächste Generation entstand.

Daß alle Lebewesen einschließlich des Menschen Glieder eines gemeinsamen Stammbaumes sind, daß sie also letztlich miteinander näher oder ferner verwandt sind, kann auch daraus geschlossen werden, daß fast alle lebenswichtigen Strukturen pflanzlicher, tierischer wie menschlicher Zellen weitgehend gleichartig sind. Alle Zellen besitzen eine Zellhaut, deren Struktur darüber entscheidet, welche Stoffe in die Zelle eindringen und welche aus ihr herausgelangen können. Ein Zellkern enthält stets Chromosomen, welche die Entwicklung eines Individuums in der Weise dirigieren, daß sie den Erbanlagen der Art entspricht. In fast allen Zellen finden sich die sogenannten Mitochondrien, hochkomplizierte Gebilde, in denen mit Hilfe von Atemenzymen und Sauerstoff die Energie von Nahrungsstoffen in solche Energieformen umgewandelt wird, die für Muskel- und Nerventätigkeit sowie andere Funktionen des Körpers unmittelbar eingesetzt werden kann. Man bezeichnet diese winzigen, nur unter dem Elektronenmikroskop genauer erkennbaren Gebilde, in denen in geordneter Weise komplizierte chemische Umsetzungen ablaufen, deshalb auch als »Kraftwerke« der Zellen. Weiterhin weisen alle Zellen zahllose noch kleinere sogenannte Ribosomen auf, an denen der artgemäße Aufbau von Eiweißstoffen erfolgt, die dann zum Teil als Enzyme die weitere artgemäße Entwicklung steuern.

Am überraschendsten aber war die Entdeckung, daß die entscheidende Erbsubstanz in den Chromosomen bei allen Lebewesen durch Kernsäuren gleichen Typs gegeben ist: durch die Desoxyribonukleinsäuren, abgekürzt als DNS bezeichnet. Die DNS ist ein langes schraubenförmiges Fadenmolekül, das bei fast allen Lebewesen von prinzipiell gleicher Struktur ist. Nur die unterschiedliche Aufeinanderfolge von zwei immer wieder gleichen Paaren basischer Verbindungen im Innern dieser Moleküle und auch die Länge und Anzahl der DNS-Stränge entscheidet letztlich darüber, ob die Entwicklung zu einem Wurm, einem Käfer, einem Vogel oder einem Menschen führt. Diese Gemeinsamkeiten aller Lebewesen haben dazu geführt, daß auch die Grundfunktionen in gleicher Weise ablaufen. Atmung, Energieumsatz, Zellteilung, Fortpflanzung, Vererbung und stammesgeschichtliche Entwicklung folgen den gleichen Prinzipien. Auch in dieser Beziehung wird also die *Einheitlichkeit allen Lebens* deutlich. Unter allen ausgestorbenen und den heutigen Arten besteht ein kontinuierlicher Zusammenhang, da Lebendes stets nur von Lebendem abstammt. Deshalb sind auch oftmals die im Laufe der Stammesgeschichte auseinander entwickelten Arten nicht immer eindeutig voneinander abgrenzbar.

Warum aber blieben die Arten nicht stetig gleich? Warum wandelten sie sich trotz ihres so exakt funktionierenden Vererbungsmechanismus im Laufe langer Zeiträume? Diese stammesgeschichtliche Entwicklung wurde durch das Zusammenspiel verschiedener Faktoren bestimmt. Entscheidend war zunächst, daß die Erbanlagen nicht dauernd völlig konstant blieben. Wohl werden die Erbanlagen in den Chromosomen langfristig in der Kette der Generationen unverändert weitergegeben. Bei jeder normalen Zellteilung werden die Chromosomen und damit auch die Doppelschrauben der DNS-Moleküle längs gespalten, und jede Hälfte vermag sich dann wieder zu einer Doppelschraube zu ergänzen. Auf diese Weise erhält bei jeder Zweiteilung jede Tochterzelle die gleichen Erbanlagen. Bei der Bildung von Ei- und Samenzellen verlaufen die Zellteilungen etwas anders, aber insgesamt werden doch hierbei die gleichen Erbanlagen an die nächste Generation weitergegeben.

Die auf diese Weise bestimmte Konstanz der Arten ist aber nicht unbegrenzt. Durch verschiedene Ursachen bedingt tritt dann doch einmal eine Änderung an einer Erbanlage ein. So kann an einer Stelle eines DNS-Abschnitts die Aufeinanderfolge der Basenpaare abgewandelt sein, oder es können Chromosomenstücke anders miteinander verknüpft werden, oder es können kleine Bruchstücke an den Enden der Chromosomen verloren gehen. Bei manchen Arten, vor allem bei Pflanzen, kommt es auch vor, daß die Chromosomenzahl verdoppelt oder noch weiter vermehrfacht wird. Alle diese als *Mutationen* bezeichneten Abläufe vererben sich dann, wenn sie bei Keimzellen auftreten, in den darauffolgenden Generationen weiter. Sie haben dann zur Folge, daß die aus solchen Keimzellen hervorgehenden Individuen strukturelle oder funktionelle Änderungen aufweisen.

Nun neigen die einzelnen Gene in verschiedenem Grade zur Mutation. Labile Gene können schon nach ein paar Tausenden von Zellteilungen einer Mutation unterliegen, während sehr stabile Gene auch nach Millionen Zellteilungen noch unverändert sein können. Trotz ihrer Seltenheit ist aber die Mutation ein Vorgang, der offenbar in der ganzen Stammesgeschichte regelmäßig auftrat. Da das Erbgut jeder Tier- und Pflanzenart viele Tausende oder Zehntausende verschiedener Gene enthält, und da die meisten Arten durch wenigstens Zehntausende, meist aber mehrere Millionen von Exemplaren vertreten sind, so kann in jeder Generation das Auftreten einiger neuer Mutationen, d. h. erblich etwas veränderter Individuen vorausgesetzt werden.

Wodurch die Entstehung von Mutationen bedingt ist, konnte bisher erst in wenigen Fällen geklärt werden. Umlagerungen in der Reihenfolge der Gene in den Chromosomen können z. B. dadurch zustande kommen, daß zwei Chromosomen an einer Stelle miteinander verkleben und dann wieder in der Weise auseinanderreißen, daß ein Stück eines Chromosoms an dem anderen haften bleibt und umgekehrt, daß also ein Stückaustausch stattfindet. Dadurch wird zwar der Genbestand nicht geändert, aber es kommen Gene in eine neue Nachbarschaft, und das kann sich auch in Merkmalsänderungen eines daraus hervorgehenden Individuums äußern. Noch häufiger sind Genmutationen, die vor allem durch Verdoppelung oder durch Ausfall eines Basenpaares in den DNS-Molekülen zustande kommen.

Stets erscheinen die Mutationen richtungslos, d. h., wir können nicht vorhersagen, an welchen Genen sie auftreten werden, bzw. welche Merkmale der mutierten Individuen verändert sein werden. Es sind »zufällige« Ereignisse, »zufällige« Fehler in der Übermittlung der Erbinformation für die folgende Generation. Mit dem Worte »Zufall« soll dabei zunächst nur gesagt sein, daß wir die Ursache meist nicht kennen. Das Problem der Zufälligkeit hat für uns Menschen dabei eine ganz besondere Bedeutung. Ist doch auch die Herausbildung unserer eigenen Art darauf zurückzuführen, daß bei unseren äffischen Ahnen eine Reihe solcher zufälligen »Fehler« in den Keimzellen auftraten, daß wir also ein Zufallsprodukt der Natur sind. Diese Ansicht hat neuerdings besonders der französische Nobelpreisträger Jacques Monod (›Zufall und Notwendigkeit‹) vertreten. Man kann ihr allerdings mit guten Gründen auch die Auffassung entgegenhalten, daß Mutationen letztlich doch wohl durch Naturgesetze bedingt sind, da alles Naturgeschehen durch Kausal- und Wahrscheinlichkeitsgesetze bestimmt ist. Wenn wir die Ursachen in den meisten Fällen nicht, bzw. noch nicht ermitteln konnten, so besagt das nicht, daß die Mutationen nicht aufgrund irgendeiner Ursache auftreten.

Die Häufigkeit von Mutationen kann auch künstlich gesteigert werden durch kurzfristige Erhitzungen von Keimzellen, durch Einwirkung verschiedener chemischer Verbindungen, vor allem aber durch Behandlung mit Röntgenstrahlen. Das machen sich z. B. die Pflanzenzüchter zunutze. Sie setzen Samen eine Zeitlang Röntgenstrahlen aus und steigern dadurch die Mutationshäufigkeit gelegentlich bis auf das Fünffache. Aus der großen Zahl der dadurch entstehenden Varianten können sie dann die für ihr Zuchtziel geeignetsten auswählen oder diese erst noch mit anderen Varianten kreuzen. Auf diese Weise kommen sie schneller dazu, Pflanzenrassen mit besonders großen Blüten oder besseren Früchten zu erzielen.

Die Züchtung von Pflanzen- und Haustierrassen ist auch für die Probleme der Entwicklung von Rassen und Arten in der Natur von großer Bedeutung, denn bis zum gewissen Grade können Zuchtrassen als Modelle der Artbildung gelten. Das hatte schon Darwin erkannt, der sich deshalb eingehend mit der Frage der Entstehung von Haustierrassen beschäftigt hatte.

Neuerdings ist es nun auch gelungen, durch Auslese und Kreuzungen nicht nur neue Rassen, sondern bei verschiedenen Pflanzen auch neue Arten herzustellen, d. h. Formen, die bei Kreuzung mit den Arten, von denen sie abstammen, keine fruchtbaren Nachkommen ergeben. Auch von der in der Vererbungsforschung vielfach zu Versuchen verwendeten Fruchtfliege Drosophila melanogaster ließen sich Stämme erzielen, die bei Kreuzung mit der Normalform keine fruchtbaren Nachkommen liefern.

Die Mehrzahl der Mutationen ist schädlich, stören diese doch eine in langer Stammesgeschichte erworbene Harmonie der Entwicklung. Nicht wenige Mutationen wirken sich auch unmittelbar tödlich aus. Gelegentlich bedingen sie verhältnismäßig belanglose Abänderungen und ganz selten auch einmal irgendeinen Vorteil. Eine vorteilhafte Genänderung kann aber gelegentlich auch dann, wenn sie bei Kreuzung von Artgenossen in einen etwas anderen Genkomplex gerät, schädlich werden, und umgekehrt kann eine schädliche Genänderung vorteilhaft werden, wenn sie in eine etwas abweichende Genfolge gerät.

Wichtig ist nun, daß die meisten Tiere und Pflanzen in zwei Geschlechtern auftreten und daß durch die Verschmelzung männlicher und weiblicher Keimzellen jeweils eine Vermischung der beiderseitigen Erbanlagen stattfindet. Die *Zweigeschlechtigkeit* hat sich nun offenbar nicht herausgebildet, weil sie für die Fortpflanzung nötig wäre, denn die kann auch ungeschlechtlich erfolgen. Das lehrt die Vermehrung der Pflanzen durch Stecklinge und Knollen und die Entwicklung unbefruchteter tierischer Eier. Die Bedeutung der Sexualität liegt vielmehr darin, daß durch die Befruchtungsvorgänge immer wieder neue Kombinationen von Erbanlagen entstehen.

Da jede Art durch eine sehr große Zahl von Erbfaktoren bestimmt wird, hat praktisch jedes pflanzliche, tierische und menschliche Individuum seine nur ihm eigene Kombination von Erbanlagen. Das ist sehr wichtig, denn Tiere wie Pflanzen weisen eine starke Überproduktion von Nachkommen auf, von denen es meist nur sehr wenigen, oft weniger als 0,1 % gelingt, zu überleben und selbst wieder Nachkommenschaft zu produzieren. Bei dieser Vernichtung findet jedoch eine *natürliche Auslese* statt. In allen Lebensphasen sind die Angehörigen einer Art einer Serie von Auslese-Examina unterworfen. Extreme Winterkälte, abnorme sommerliche Hitze oder Trockenheit, der Konkurrenzkampf der Artgenossen um Nahrung, Lebensraum und Fortpflanzungspartner, Krankheiten und Feinde vernichten ständig viele Individuen. Dabei bleiben dann vornehmlich nur diejenigen erhalten, die allen Schwierigkeiten ihrer Umwelt gewachsen sind. So wirkt die Auslese auf die Dauer wie ein Sieb, durch das nur die geeigneten Erbkombinationen durchgelassen werden. Die Auslese hat zugleich aber auch eine fördernde und geradezu schöpferische Funktion, weil dadurch auch die seltenen vorteilhaften Mutanten erhalten bleiben.

Da nun die natürlichen Auslesebedingungen nicht nur mit den Jahreszeiten wechseln, sondern sich im Laufe sehr langer Zeiträume oft noch viel stärker wandeln, wird eine Art so sehr verändert, daß wir sie schließlich als eine besondere neue Art bezeichnen müssen. Vor allem ist es das Klima, das sich oftmals im Laufe von Zehntausenden von Jahren stark wandelte, wodurch sich dann auch die Vegetation änderte und neue Konkurrenten, Feinde und Krankheiten auftraten.

Wir sehen also: Mutation und stete Neukombination der Erbanlagen liefern das Material für die Artbildung und für ein allmähliches stetes Fortschreiten der stammesgeschichtlichen Entwicklung, aber die Richtung der Änderung bestimmt die natürliche Auslese.

Blieben Umweltverhältnisse und damit die Auslesewirkungen lange Zeit hindurch mehr oder minder gleich, so veränderten sich Strukturen und Organe in einer bestimmten Richtung weiter. Die nur hundegroßen Vorfahren der heutigen Pferde z. B. hatten noch vorn vier und hinten drei Zehen. Da sie sich im Laufe der Tertiärzeit immer mehr an das Leben in offenem Gelände anpaßten, wurde die Zehenzahl zunehmend verringert, weil das für schnelles Laufen von Vorteil war. So haben die heutigen Pferde schließlich lediglich noch eine Zehe und nur noch funktionslose Reste der Seitenzehen.

Wichtig ist nun, daß beim Entstehen einer neuen Art die Auslese nicht nur vorteilhafte Änderungen fördert, sondern nicht selten zugleich auch ungünstige Eigenschaften hervorbringt. Das liegt daran, daß in einem Individuum Organe und Strukturen durch bestimmte gegenseitige Abhängigkeiten miteinander verknüpft sind. Während der Eiszeiten war es z. B. vorteilhaft, daß Säugetiere größere Rassen und Arten ausbildeten. Ein größerer Körper hat nämlich im Verhältnis zu seiner Masse, die in drei Dimensionen anwächst, eine verhältnismäßig kleinere, nur in zwei Dimensionen anwachsende Oberfläche und verliert daher nicht so viel Körperwärme. Dadurch, daß die natürliche Auslese größere Varianten begünstigte, entstanden aber in manchen Fällen zugleich auch Nachteile. Da Geweihe schneller wachsen als der Gesamtkörper, entwickelte z. B. der eiszeitliche Riesenhirsch ein ungeheuer großes Geweih, das im wörtlichen Sinne kaum noch tragbar war. Möglicherweise hat das zum Aussterben dieser Art beigetragen.

Aber auch in zahlreichen anderen Fällen wirkte sich die Auslese trotz anfänglicher Vorteile schließlich zum Schluß doch ungünstig aus. Das geschah besonders dann, wenn durch von Generation zu Generation gleichbleibende Auslesevorgänge eine Reihe auseinander hervorgehender Arten immer besser, d. h. immer enger an ihre Umwelt angepaßt wurden. Die Arten wurden dadurch dann oftmals so einseitig spezialisiert, daß sie sich bei größeren Umweltänderungen nicht mehr umstellen konnten. Als gegen Ende der Eiszeit die zuvor ausgedehntere Ostsee sich verkleinerte, blieben einzelne ehemalige Meeresbuchten als große Seen zurück, die nun aber bald nur noch Süßwasser enthielten, wie z. B. der Wenersee und der Wettersee in Schweden. Die meisten Meerestierarten gingen in diesen Seen zugrunde, weil sie zu einseitig an den Aufenthalt in Salzwasser angepaßt waren. So kann also die Entwicklung von Arten, die immer nur durch die jeweils gegenwärtigen Bedingungen bestimmt ist, gewissermaßen in eine Sackgasse führen, an deren Ende die Arten aussterben.

In anderen Fällen starben die Arten aus, wenn sie mit neu in ihrem Wohngebiet auftauchenden Arten konkurrieren mußten, die vorteilhaftere Strukturen entwickelt hatten. Am Anfang der Tertiärzeit, vor etwa 50–60 Millionen Jahren, waren zum Beispiel Halbaffen die fortschrittlichsten Säugetiere. Sie waren über vier Kontinente verbreitet. Als sich dann aber echte Affen mit einem besseren Gehirn und anderen vorteilhaften Eigenschaften entwikkelt hatten und sich immer mehr ausbreiteten, verdrängten sie allenthalben die Halbaffen. Nur auf Madagaskar, das die echten Affen nicht besiedeln konnten, blieben die Halbaffen in größerer Artenzahl erhalten. In Afrika, Indien und auf den Großen Sunda-Inseln sowie den Philippinen konnten sich einzelne Halbaffen-Arten nur deshalb halten, weil sie eine nächtliche Lebensweise führten und deshalb nicht mit echten Affen konkurrierten. Ähnlich erging es den Beuteltier-Arten, die früher auf allen Kontinenten vorkamen. In dem Maße, wie sich höhere Säugetiere entwickelten, die vorteilhaftere Funktionen, vor allem auch ein durchschnittlich besseres Gehirn aufwiesen, wie dies z. B. bei Huftieren, Raubtieren und Affen der Fall war, starben die Beuteltiere aus. In Australien blieben sie jedoch in großer Artenzahl erhalten, weil dieser Kontinent seit Beginn der Tertiärzeit isoliert war, so daß er von den drei genannten, erst später entstandenen konkurrenzüberlegenen Säugetiergruppen nicht besiedelt werden konnte.

Da nun viele Stammesreihen bereits durch zahlreiche fossile Reste belegt sind, können wir zum Teil bestimmte *Regeln des stammesgeschichtlichen Wandels der Arten* feststellen. Das gilt etwa für Stammesreihen der Säugetiere, deren Skelette oft gut erhalten geblieben sind. Dabei wird z. B. deutlich, daß die aufeinander folgenden Arten und Gattungen meist zunehmend größer wurden. Diese von dem amerikanischen Paläontologen Edgar Cope entdeckte Regel ist wohl darauf zurückzuführen, daß es ziemlich generell für Säugetiere von Vorteil ist, größer und kräftiger zu sein und damit auch ein absolut größeres Gehirn zu besitzen. Weiterhin zeigte es sich, daß zumeist dann, wenn sich neue, besonders vorteilhafte und damit konkurrenzüberlegene Tiertypen entwickelt hatten, die Arten sich verhältnismäßig schnell in neue Arten und Gattungen aufspalteten. Das kam vor allem dadurch zustande, daß sie an die verschiedensten Lebensstätten in Bau und Funktionen ihres Körpers durch natürliche Auslese angepaßt wurden. Waren aber alle geeigneten Lebensstätten von diesen neuen Formen besiedelt, so verlangsamte sich das Tempo weiterer Artänderungen, und oftmals blieben die Arten, die eine günstige Struktur erreicht hatten, lange Zeit unverändert. Es fand dann trotz jährlicher Schwankungen in der Zahl der Individuen gewöhnlich auch kein zahlenmäßiger Zuwachs und keine wesentliche Gebietserweiterung mehr statt.

In manchen Fällen führten die Artänderungen auch zu *Rückschritten* hinsichtlich der Höhe der körperlichen Organisation. Das war z. B. bei manchen Krebsen aus der Familie der Asseln der Fall, die zum parasitären Leben übergegangen sind. Die frei beweglichen Larven und Männchen zeigen bei solchen Schmarotzer-Arten noch alle Asselmerkmale, aber die auf bzw. in höheren Krebsen lebenden erwachsenen Weibchen haben keine Beine und keine Augen mehr und die Mundwerkzeuge sind stark vereinfacht.

Viele andere Stammesreihen von Tieren führten jedoch zu einer *Höherentwicklung*. Diese ging meist von Arten aus, die nicht zu einseitig durch zu enge Anpassung an bestimmte Lebensverhältnisse spezialisiert waren. Die Fortschritte kamen dadurch zustande, daß in zunehmendem Maße rationellere Strukturen und Funktionen entwickelt wurden. Derartige Varianten wurden stets durch natürliche Auslese gefördert. Bei Säugetieren führte vor allem die Vergrößerung und strukturelle Verbesserung des Gehirns zur Höherentwicklung. Dadurch wurde eine bessere Lernfähigkeit und ein größerer Gedächtnisspeicher möglich, und das führte zu einem plastischeren, nicht nur auf erblichen Instinkten, sondern auf Erfahrungen sich gründenden Verhalten. Primitiver bleibende Arten konnten dann meist auf die Dauer nicht konkurrieren.

Alle diese Erkenntnisse über Artentwicklung haben für uns Menschen nun noch insofern ein besonderes Interesse, als unsere *Kulturentwicklung* viele Parallelen dazu aufweist. Das ist der Fall, obwohl zwischen Stammesgeschichte und Kulturgeschichte ein grundlegender Unterschied besteht. Die Stammesgeschichte der Tiere benötigte Hunderttausende und oft Millionen von Jahren, um neue Arten und neue Strukturen hervorzubringen. Das war nur in derart langsamem Tempo möglich, weil neue vorteilhafte Mutationen sehr selten sind und weil es außerordentlich langer Zeiten bedurfte, bis eine vorteilhafte Genänderung, die doch zunächst punktweise an einem Individuum auftritt, sich durch Auslesevorgänge in der Kette der Generationen über das ganze Verbreitungsgebiet einer Art ausbreitete. Die Kulturentwicklung beruht dagegen nicht auf einem erblichen Wandel. Sie kam vielmehr dadurch zustande, daß die kulturellen Grundlagen, die Fertigkeiten und die Kenntnisse jeder Generation von der heranwachsenden folgenden Generation erlernt werden konnten, die ihrerseits neue Verbesserungen und Fortschritte aller Art hinzufügen konnte. In den letzten Jahrhunderten hatte deshalb fast jede Generation eine andere kulturelle Grundlage.

Wenn sich trotzdem so viele Parallelen zwischen erblich bedingter Stammesentwicklung und nichterblicher Kulturentwicklung ergeben, so ist dies dadurch bedingt, daß in beiden Fällen die Fortschritte durch natürliche Auslesevorgänge zustande kamen. Alle unsere Werkzeuge, Maschinen und Beförderungsmittel, aber auch unsere Verwaltungseinrichtungen, Schulsysteme, wissenschaftlichen Erkenntnisse usw. wurden immer wieder durch vollkommenere ersetzt. Auf die Dauer war stets das Bessere des Guten Feind. Die Ideen der Erfinder und Entdecker wirkten sich dabei gewissermaßen wie vorteilhafte Mutationen aus. Auch in der menschlichen Geschichte führte eine harte Auslese zur Vernichtung ganzer Stämme unterentwickelter Völker wie z. B. vieler Indianergruppen. Auch gab es Rückschritte in der Entwicklung, die zum Verfall von Kulturen führten, wie besonders die Geschichte der Griechen und Römer lehrt. Ähnlich wie in der Stammesgeschichte der Tiere kam es nicht selten zu Übertreibungen und exzessiven Bildungen. Der Entwicklung unnötig riesiger Geweihe eiszeitlicher Hirsche vergleichbar sind die hohen Mützen der »langen Kerle« von Friedrich dem Großen, die riesigen Pudelmützen englischer Soldaten vor dem Buckingham-Palast, die aufgetürmten Frisuren der Rokoko-Damen, die

Wespentaillen und die überhöhten spitzen Absätze von Damenschuhen.

Insgesamt aber zeigt die menschliche Kulturentwicklung nicht anders als die Stammesgeschichte der Tierwelt doch stete Fortschritte. Leider hat die Kultur, vor allem infolge der Fortschritte medizinischer Kunst, auch zu einem *Wachstum*, zu einer katastrophalen Steigerung der Bevölkerungszahlen geführt. Wie die Entwicklung vieler tierischer Artenreihen lehrt, muß aber eine Fortentwicklung nicht immer mit einem Anwachsen der Individuenzahl verbunden sein. Und es braucht auch eine wirtschaftliche Verbesserung nicht mit einer quantitativen Zunahme der Produktion einherzugehen. Eine Höherentwicklung ist ebenfalls ohne Expansion durch die Auswirkungen innerer Konkurrenz auf allen kulturellen Gebieten möglich. Und gerade die geistige Fortentwicklung, der Fortschritt in Wissenschaft und Kunst, in Weltanschauung und Humanität ist zumeist bei konstanten Daseinsbedingungen besonders gefördert worden.

Ich hoffe deutlich gemacht zu haben, daß die Probleme der Artentwicklung uns alle angehen, weil auch wir Menschen eine Spezies darstellen, die sich aus tierischen Ahnformen herausgebildet hat. Außerdem wollte ich zeigen, daß die Untersuchung von Parallelen zwischen Stammesentwicklung und Kulturentwicklung dazu beitragen kann, die Gesetzlichkeiten unseres Kulturfortschritts besser zu verstehen und bei unseren Planungen für die Zukunft zu berücksichtigen.

Wilhelm Schäfer

Regulation des Populationswachstums im Tierreich

Wer als Biologe von »Populationen« spricht, der sollte von vornherein seinen Zuhörern deutlich machen, was er darunter versteht:

Er meint damit *nicht* die Gesamtlebewelt, also die Gesamtheit der Individuen aller Pflanzen- und Tierarten in einem bestimmten Lebensraum. In solchem Falle spricht er von der »Lebensgemeinschaft«, von der Biozönose. Unter »Population« versteht er vielmehr eine Organismengruppe oder einen Organismenverband, aufgebaut aus den Individuen einer *einzigen Tierart* in einem bestimmten Lebensraum (Biotop). Von so definierten Populationen und vor allem von der Art und Weise, wie ein solcher Individuenverband das Wachstum seiner Bevölkerung im Hinblick auf die gebotene Umwelt reguliert, soll hier vor allem die Rede sein.

Populationen als Individuenverbände leben nicht im luftleeren Raum. Sie sind – und dies darf niemals vergessen werden – Gefügeteile einer größeren und umfassenderen Einheit, der Biozönose oder Lebensgemeinschaft; sie erhalten von dort bei aller Eigenständigkeit ihren Platz und das Ausmaß ihrer Wirksamkeit.

So muß sich unsere Frage nach der Bevölkerungsregulation im Tierreich mit drei Einheiten auseinandersetzen. Es muß (1.) die Rede sein von Tieransammlungen, zusammengesetzt aus nicht sozial lebenden, wir sagen aus solitär lebenden Tieren; es ist (2.) zu sprechen von Regulationsmechanismen bei sozial lebenden Tieren und es muß (3.) deutlich werden, wie diese beiden Einheiten, die solitär und die sozial lebenden Tiere, Teile einer Lebensgemeinschaft sind und von dort letzten Endes alle Energie für ihren Lebensablauf erhalten.

Beginnen wir unsere Ausführungen mit der Darstellung von nicht sozial lebenden Tieransammlungen und von der Form der Bevölkerungsregulation einer solchen Population:

In ein großes Seewasseraquarium bringen wir einige Strandkrabben. Damit diese dort leben können, geben wir das nötige Futter, und wir geben den zum Atmen nötigen Sauerstoff dadurch, daß wir das Becken mit ständig zugeführtem sauerstoffreichem Wasser durchspülen. Erhöhen wir die Bevölkerungszahl der Krabben im Becken, so müssen wir mehr Futter eingeben und wir müssen die Durchspülung mit sauerstoffreichem Wasser verstärken. Gewiß ist für einige Zeit auf solche Weise die Bevölkerungszahl im Becken zu erhöhen. Aber dies gilt nicht auf Dauer. Denn schon lange vor Erreichen der durch Raumverhältnisse gegebenen Höchstgrenze beginnen die Tiere sich gegenseitig aufzufressen. Und zwar werden jeweils diejenigen Individuen von ihren Artgenossen gefressen, welche zu Zwecken des Wachsens und Größerwerdens sich häuten müssen. Jedesmal dann also, wenn ein Krebs seinen festen, kalkinkrustierten Außenpanzer verlassen muß und der neue, noch weiche Panzer durch Kalkeinlagerung nun erst hart wird, stürzen sich die Artgenossen auf den frisch Gehäuteten und zerreißen ihn. Hier wird folgendes deutlich:

1. Diese Krebse haben gegenüber Artgenossen keine Tötehemmung; sie sind Räuber und Beute zugleich. Nur ihr harter Panzer schützt sie normalerweise vor dem Artgenossen. Wir sagen, Strandkrabben sind solitär (einzeln) lebend und sie leben *nicht* im sozialen Verband, der eine Tötehemmung als genetisch verankerte Anlage voraussetzt.

2. Strandkrabben sind voreinander nur so lange sicher, als sie den harten Panzer haben. Da jedes Tier sich einmal, und zwar im Laufe mehrerer Wochen oder Monate, häuten muß, gerät jedes Tier immer wieder für einige Stunden in eine »kritische Situation«, nämlich solange, bis der neue Panzer durch Kalkinkrustierung wieder hart geworden ist.

3. Solche kritischen Situationen können nur durchgestanden werden, wenn der häutende Krebs so viel Raum um sich hat, daß die Chance besteht, beim Häuten nicht von den Artgenossen entdeckt zu werden. Die Überlebenschance ist also an einen Raum bestimmter Größe gebunden. Wir sprechen vom »kritischen Raum«, den jedes Individuum jeder Tierart mindestens zur Verfügung haben muß, soll es in kritischer Situation überleben.

4. Damit wird uns der Mechanismus der Regulation der Strand-

krabben-Bevölkerung in ihrem Lebensraum verständlich: Jedesmal dann, wenn die Individuenzahl in einem gegebenen Areal durch natürliche Vermehrung so steigt, daß nicht jedes Individuum der Population seinen kritischen Raum zur Verfügung hat, muß ein Individuum sterben; anders ausgedrückt: Es sterben (durch Gefressenwerden) solange Individuen, bis die Bevölkerungsdichte so gering geworden ist, daß die Überlebenschance bei der Häutung 50 % überschreitet.

Dies ein Beispiel unter vielen. Es schildert – um es zu wiederholen – die Verhältnisse bei solitär lebenden, also nicht sozial lebenden Organismen. Wie auch der Mechanismus der Regulation der Bevölkerungsdichte im einzelnen erfolgt, sie geht, wie wir am Beispiel der Strandkrabben gesehen haben, auf Kosten des Einzelindividuums.

Indessen, es gibt auch Tierarten, die in irgendeiner Form, sei sie auch noch so primitiv, Beziehungen zu ihren Artgenossen erkennen lassen, Tierarten, die unter normalen Bedingungen gegen Artgenossen eine Tötehemmung zeigen und die in einer bestimmten Form – und diese ist artlich festgelegt – als *soziale Gemeinschaft* organisiert sind. Hier wird schon deutlich, das Kriterium der sozialen Gemeinschaft liegt nicht in der Ansammlung an sich, sondern in der wie auch immer organisierten Leistung vieler einzelner für ein Allgemeines. So können Individuenscharen, werden sie nur durch die Gunst des Ortes, etwa durch Wärme, günstiges Licht, Nahrungsreichtum, gemeinsames Ablaichen usw., zusammengeführt und für einige Zeit zusammengehalten, nicht als sozial veranlagte Tierart bezeichnet werden. Solche Ansammlungen haben keine Dauer, sie lösen sich auf, sobald die äußeren oder auch die inneren im Augenblick günstigen Bedingungen sich ändern.

Das Soziale hat andere Voraussetzungen; es liegt – um es kurz zu sagen – in der im Verhalten der Einzelglieder begründeten Fähigkeit, durch kritische Situationen bedingte Grenzen der Vermehrung der Individuenzahl im gegebenen Areal doch zu überschreiten, die bei solitär lebenden Arten unübersteigbare Grenzen wären. Hier wird also die Lösung des kritischen Momentes nicht wie bei solitär lebenden Tierarten auf dem Einzelindividuum (indem es sterben muß) ausgetragen, vielmehr vermag die tierische Sozietät bei Bevölkerungszunahme kritische (und letzten Endes immer raumbedingte) Grenzen durch Organisation oder durch technische Leistung – zur rechten Zeit angewendet – doch zu überwinden.

Zunächst sei als Beispiel von einem Meeresschwamm, wie er in der südlichen Nordsee häufig vorkommt, die Rede: Ein solcher Schwammkörper, der sich als Ganzes aus vielen »Individuen« aufbaut, ist ein vielgliedriger Pumpmechanismus, der planktonreiches und sauerstoffführendes Wasser durch viele kleine Öffnungen in den gemeinsamen Körper einführt, das Plankton zur Ernährung absiebt und das verbrauchte und mit Fäkalien beladene Wasser durch große, etwa regelmäßig verteilte Öffnungen aus dem Körper wieder herausbefördert. Je nach der Zahl der am Aufbau des Schwammkörpers beteiligten Zellkomplexe, die in vielfacher Abwandlung ähnlich wie Einzelpersonen verschiedene Funktionen im Gesamtkörper übernehmen können, stellt sich der Schwammkörper in vier verschiedenen Wuchsformen dar. Diese Wuchsformen jedoch – und hier kommen wir zu unserem Thema – sind bei näherem Hinsehen als in sich geschlossene, auf eine bestimmte »Individuenzahl« bezogene Sozietäten zu verstehen. Jede Wuchsform des Schwammkörpers ist von der nächst größeren (und mehr Individuen umfassenden) Wuchsform durch eine Umkonstruktion getrennt, wobei jedesmal Wuchsform, beteiligte Individuenzahl und Wirksamkeit des Pumpmechanismus ein in sich geschlossenes Funktionsgefüge darstellt, das weder mit weniger noch mit mehr Individuen existieren kann.

Die vier Stadien bzw. Wuchsformen stellen sich folgendermaßen dar:

1. Die junge, noch kleine Schwammsiedlung ist ein flacher Kuchen von 5–10 cm Durchmesser, der auf der Oberseite zahllose kleine Einströmöffnungen für das Meerwasser hat; zwischen den kleinen Einströmöffnungen liegen große Ausströmöffnungen. Der Pumpmechanismus im Innern des Körpers reicht aus, um das durch die großen Öffnungen ausströmende, mit Schmutzteilen beladene und veratmete Wasser so weit von der Siedlung hinwegzudrücken, daß dieses Schmutzwasser nicht sogleich wieder durch die winzigen Einströmöffnungen eingesogen wird.

2. Bei Ausdehnung der Siedlung und Zunahme der Zahl der an der Siedlung beteiligten »Individuen« wird – dieser Zeitpunkt ist abzusehen – die notwendig eingebrachte Wassermasse zum Fressen und zum Atmen schließlich so groß werden, daß die Pumpkraft der großen Ausströmöffnungen nicht mehr ausreicht, das verbrauchte Wasser weit genug von der Siedlung wegzudrücken. Die Siedlung gerät eben wegen der bloßen Zunahme der beteiligten Individuen aus hygienischen Gründen in eine »kritische Situation«. Die Ansammlung solitär lebender Tiere würde in dieser Lage zugrunde gehen. Aus mangelnder Hygiene fänden alle den Tod. In unserem Falle des Schwammkörpers aber bilden sich jedoch von einer bestimmten Größe der Siedlung ab kragenförmige Überhöhungen der großen Ausströmöffnungen. Nun kann das Atemwasser, durch die Abwasserleitungen zusammengefaßt und in eine bestimmte Richtung gelenkt, so weit von der Siedlung weggepumpt werden, daß Platz für das von der Seite neu herangeführte saubere Wasser gegeben ist. Durch diese bautechnische Leistung, in kritischer Situation in bezug auf ein Ganzes vorgenommen, erweist sich der Schwammkörper als eine Sozietät.

3. Mit dieser technischen Leistung ist der Gemeinschaft zunächst die Möglichkeit zu ihrer weiteren Vergrößerung gegeben. Die Individuenzahl vermag zu wachsen. Wir sehen, wie mit weiterer Zunahme der Bevölkerung und mit der immer zunehmenden Ausdehnung der Siedlung die Abwasserkanäle ihre kragenförmigen Überhöhungen immer mehr erhöhen; sie werden schließlich zu etwa 6 bis 8 cm langen Schornsteinen und überragen die Flächensiedlung um ein Vielfaches. Jedoch vermag auch diese technische Einrichtung auf Dauer die Existenz der Siedlung nicht zu sichern. Mit zunehmender Länge der Schornsteine schwindet ihre statische Belastbarkeit, sie knicken in der Strömung um und sie ergießen ihre Abwässer über die Siedlung. Wiederum gerät die Siedlung in eine kritische Situation, wobei die Gefahr diesmal nicht in mangelnder Hygiene liegt, vielmehr in der mangelnden Statik von an sich funktionierenden hygienischen Einrichtungen. Aber auch diese kritische Situation kann noch einmal von der Schwammsiedlung überwunden werden.

4. Die auf einer breiten Unterlage festsitzende und in der Fläche

sich ausdehnende Kolonie erfährt eine totale Umkonstruktion: Der Schwammkörper wölbt sich durch starke Vermehrung der Individuen nach oben und wird zu einem kompakten Körper, so daß das frische Atem- und Nahrungswasser von allen Seiten des Raumes herbeigeholt werden kann. Das Auswerfen des gewaltig vermehrten Abwassers aber erfolgt dadurch, daß sich die die Siedlung überragenden, schornsteinartigen Abwasserleitungen zu Röhrenbatterien aneinander legen. Sie stützen sich gegeneinander ab und können so zu 10–15 cm langen, die Siedlung überragenden Leitungen werden. Sie stehen als Bündel gepackt radiär nach außen, so daß die Wege des Wassereintritts in den Schwammkörper von den Wegen des Abwasseraustritts gut getrennt sind. In dieser Wuchs- und Organisationsform vermag der Schwammkörper noch einmal sehr stark zu wachsen, die Zahl der beteiligten Individuen nimmt um ein Vielfaches zu; das Gesamtbauwerk kann bis zu 40 cm Höhe erreichen.

Dieses 4. Stadium des Schwammkörpers aber ist das letzte. Weitere Vergrößerung der Siedlung belastet den Schwammkörper als architektonische Konstruktion; er zerbricht – besteht doch das tragende Gerüst nur aus einfachen, zu Bündeln verklebten Hornnadeln – im Seegang. Die Kolonie findet, da die beliebig zerbrochenen Einzelteile des Schwammkörpers keine funktionellen Einheiten sind und die Einzelteile keine Verbindung mehr zu einer tragenden Unterlage, an der sie festgewachsen sind, haben, ihren katastrophalen Untergang.

Diese hier aufgezählten vier Stadien durchläuft jeder Schwammkörper in seinem Leben und jedesmal findet die Siedlung in der letzten (4.) kritischen Situation aus den eben geschilderten statischen Gründen ihr Ende. Es gibt keinen Ausweg.

An diesem Beispiel des als Sozietät wachsenden Schwammkörpers wird (1.) deutlich, wie in der Sozietät jede Maßnahme, die zur Befriedigung eines allgemeinen Bedürfnisses ergriffen wird, eben nur für die Situation des Augenblicks und nur für dieses eine Bedürfnis gilt. Wir sehen (2.), wie jede für die Sozietät ergriffene Maßnahme bei steigender Individuenzahl ihre destruktive Rückseite hat, die schließlich die konstruktive Seite wirkungslos macht. Wir können nach diesem Beispiel (3.) die Tiersozietät definieren und können sie abheben von der Ansammlung solitär lebender Tierarten: Danach gehört zum Merkmal jeder sozialen Tierart eine bestimmte Zahl von ihr überwindbarer, kritischer Situationen. Die Sozietät endet, vermag sie auszureifen, in einer Katastrophe. Jede neu sich bildende Siedlung (Sozietät) unterliegt dem im Genbestand der Art festgelegten Weg; es gibt kein Ausweichen.

Unsere Schwammsiedlung war eine festsitzende, wir sagen eine sessile Sozietät. So wurde die Beziehung zum Raum und die Abhängigkeit der Sozietät in ihren Funktionen von räumlichen Größen und statischen Gesichtspunkten besonders deutlich: Denn jede sich bei Bevölkerungszunahme entwickelnde kritische Situation hatte letzten Endes Raumgründe. Diese Phänomene der kritischen Situation aus Raumgründen sind aber auch bei Sozietäten zu beobachten, deren Individuen ortsbeweglich sind. Dafür ein Beispiel, welches zuerst von F. Frank geschildert wurde:

Mäuse – Feldmäuse, wie sie auf jedem Acker in den Sommermonaten zu sehen sind – leben in streng geordneten sozialen Verbänden. Um es sogleich zu sagen: Auch hier stoßen wir wieder bei Vermehrung der Individuenzahlen auf mehrere kritische, aber durch die Sozietät überwindbare Situationen, und auch hier endet nach Durchlaufen mehrerer Stadien aus Raumgründen die Sozietät in einer Katastrophe.

1. Jedes fortpflanzungsfähige weibliche Tier hat ein Revier inne, also einen Raum, in dem es sein Nest hat, in dem die Jungen geworfen und gesäugt werden, der auch Nahrung bietet und der gegen andere Artgenossen verteidigt wird. Die Gesamtsiedlung der Feldmäuse hat bald große Teile des Siedlungsterrains in solche Reviere aufgeteilt. Jede neu heranwachsende weibliche Feldmaus sucht sich für ihr Revier einen freien Platz.

2. Bei Bevölkerungszunahme stoßen die Einzelreviere der Weibchen, dies ist voraussehbar, aneinander. Schließlich ist das ganze Siedlungsterrain in ein Mosaik von Revieren aufgeteilt. Bei weiterer Individuenzunahme muß der Lebensraum in der alten Form schwinden und die Sozietät muß in eine alle Individuen betreffende, siedlungsraumbedingte kritische Situation geraten.

3. Einen Ausweg aus der schwierigen Lage bietet die Verkleine-

rung der Reviere; da alle und nicht nur einzelne sehr gedrängt liegende Reviere verkleinert werden, ergibt sich ein großer Zuwachs an Raum, der von den jungen heranwachsenden weiblichen Tieren auch sofort angenommen wird. Wiederum, wie schon vorher, ist durch eine auf die Gemeinschaft bezogene Leistung, hier also eine Ordnungsleistung, eine herannahende kritische Situation gemeistert.

4. So gewonnener zusätzlicher Lebensraum und zusätzlicher Brutraum lassen die Sozietät weiter an Zahl zunehmen. Diese Vorgänge laufen, weil in den Sommermonaten reichliche Vegetation als Nahrung vorhanden ist, relativ schnell ab; die Generationen folgen rasch aufeinander; schon nach drei Wochen Lebensdauer ist die neue Generation fortpflanzungsfähig. Es ist unter solchen Bedingungen vorauszusehen, daß sich schon sehr bald wiederum eine neue kritische Situation für die Sozietät im ganzen entwickeln muß, welche die Sozietät im gesamten fordert.

Der Ausweg liegt darin, daß die weiblichen Tiere zu Revier- und Nestgemeinschaften übergehen: Mehrere Weibchen benutzen gemeinsam das gleiche Nest, verteidigen es gemeinsam, die neugeborenen Jungtiere werden von den Weibchen gemeinsam gesäugt und betreut. Damit werden wiederum weite Siedlungsräume frei, und die Individuenzahl vermehrt sich solchermaßen ungehemmt.

5. Bisher waren die räumlichen Abstände von Individuum zu Individuum immer noch so groß, daß für jedes einzelne Individuum ein normales Verhalten in Ausgewogenheit und ohne Einschränkung möglich war. Nun setzen aber bei weiterem Bevölkerungsdruck Streßsituationen, bedingt durch die ständige Gegenwart von Artgenossen, ein. Es kommt, obwohl immer noch genügend Nahrung für alle vorhanden ist, zu Schlafstörungen. Konkurrenzen aller Art verschärfen sich; die Tiere leben im Freßzwang aus Konkurrenz und sind Dauerbelastungen des Zentralnervensystems ausgesetzt. Wie von vielen anderen Tierarten bekannt, sinkt auch bei diesen Mäusen die Fortpflanzungsfähigkeit. So beträgt ein einziger Wurf nicht mehr 10–15 Jungtiere, sondern nur noch 3–4. Jedoch hält die nachlassende Fortpflanzungsfähigkeit nur noch über kurze Zeit den Bevölkerungsdruck in Grenzen. Bei weiterem Steigen der Siedlungsdichte kommt schließlich die Katastrophe, der Untergang

der ganzen Sozietät unter bestimmten Merkmalen:

Er äußert sich zunächst in einem totalen Zerfall aller bisher tragenden Sozietätswerte, territoriale Grenzen werden mißachtet, einzelne Fälle von Kannibalismus treten auf.

Die Katastrophe zeigt sich zunächst bei einzelnen, aber bald bei ganzen Gruppen von Individuen in einem fast plötzlichen Nachlassen der regulierenden Funktion des innersekretorischen Systems gegenüber von außen kommenden belastenden Reizen. Die einzelnen Tiere sterben schließlich unter den Merkmalen des »hypoglykämischen Schocks«. Er zeigt sich zunächst in Apathie, Haaresträuben, Buckelmachen, es treten Bewegungshemmungen auf, Trippelgang und Hinterhandlähmung treten auf, schließlich krampfartige Zukkungen und Auskühlung des ganzen Körpers. Die Obduktion zeigt degenerative Veränderungen der Leber und Entzündungen der Nebennieren bei herabgemindertem Gehalt an Leberglykogen und Blutzucker. Nur wenige Tiere überstehen die Katastrophe, ihnen gelingt die Flucht.

Dies waren zwei Beispiele: Sie zeigten uns das Zwingende der ablaufenden Vorgänge. Sie zeigten uns aber auch, daß jede soziale Tierart nur eine gewisse Zahl von kritischen Situationen, und nur ganz bestimmte Situationen überwinden kann, daß immer nur die gleichen Situationen in der gleichen Reihenfolge überwunden werden und daß die Sozietät jedesmal einer bestimmten Situation nicht mehr gewachsen ist, d. h., daß sie keine weitere technische oder organisatorische Lösung bereit hält. Da alle in der Sozietät lebenden Individuen an die Leistungen in der Sozietät gebunden sind und von ihr getragen werden, muß der Zusammenbruch auch alle Individuen treffen, er muß – wie wir sagen – katastrophaler Natur sein.

Das eigentlich treibende Moment in diesem Ablauf ist – wie wir gesehen haben – in allen Fällen die kontinuierlich zunehmende Zahl der an der Sozietät beteiligten Individuen. Und so sehen wir, wie bei optimalen Lebensbedingungen der Sozietät die Bevölkerungszahl schnell wächst und die einzelnen Stadien, nämlich die durch kritische Situationen voneinander getrennten Seinsstufen, in rascher Folge durchlaufen werden und die letzte kritische Situation, für die kein genetisch vorgezeichnetes Verhalten in der Sozietät bereit liegt, um so rascher herannaht. Sind die Lebensbedingungen am Ort aber schlechter und folgen daher die einzelnen Generationen langsamer aufeinander, so lebt die Sozietät im ganzen länger. Denn sie braucht für die Zunahme der Bevölkerung längere Zeit und gerät daher sehr viel später in die letzte ausweglose Situation.

Sind aber die äußeren Lebensbedingungen der Sozietät in ihrem Lebensraum besonders schlecht und ist der Lebenskampf jedes einzelnen der Sozietät angehörenden Individuums so groß, daß immer wieder ganze Teile der Sozietät durch Tod ausfallen, so nimmt auch die Bevölkerungszahl der Sozietät nur ganz langsam zu oder sie bleibt sich sogar gleich. Diese Sozietät erreicht daher in ihren Bevölkerungszahlen alle ihr zugeordneten Seinsstufen nicht und sie erreicht auch nicht die letzte kritische Situation, die den katastrophalen Untergang bringt. Die meisten tierischen Sozietäten sind so in ihre Lebensgemeinschaften, und d. h. in den ständig zehrenden Umweltkampf eingeordnet, daß sie durch nicht aufhörenden Aderlaß nur ganz langsam wachsen können oder gar zeitweise in ihrer Individuenzahl vermindert werden. So haben solche in ihre natürlichen Lebensräume eingeordneten Sozietäten eine sehr lange Lebensdauer, und viele werden die letzte Katastrophe niemals erreichen, d. h., ein Geschehensablauf, der bei zunehmender Individuenzahl endlich, und zwar in seinen Stadien abzählbar endlich war, wird theoretisch zeitlich unendlich.

Es gibt Tierarten, deren Sozietäten diesen lebenserhaltenden Aderlaß immer wieder selber vollziehen, und zwar dadurch, daß ganze Gruppen von Individuen sich von der alten Sozietät trennen und »auswandern«. Bei der Honigbiene liegt ein solcher Fall vor; das »Schwärmen«, d. h. der Aufbruch eines Teiles des Stockes unter Führung der alten Königin mit Drohnen, Arbeiterinnen und allen Spezialisten, ist nichts anderes als die Entlastung des Raumdrucks im alten Stock durch Abwandern zur rechten Zeit. Durch diesen »Kunstgriff des Aderlasses zur rechten Zeit« wird diese Insektensozietät theoretisch unsterblich, die letzte Katastrophe entfällt.

Kommen wir zum Ausgang unserer Betrachtung zurück: Das Thema der Regulation des Bevölkerungswachstums im Tierreich hat uns drei Seinsformen verstehen gelehrt:

1. Die Ansammlung von Individuen einer i. a. solitär lebenden Tierart: Die Ansammlung kommt allein durch die Gunst des Ortes, d. h. durch örtlich gute Lebensbedingungen zustande. Hören die besonderen Bedingungen auf, so zerstreut sich die Ansammlung. Sie wird als Population in ihrer möglichen Dichte reguliert durch das örtliche Bedingungsgefälle: Wer in eine schlechte Bedingung gerät, wird ausgelöscht. Nachbarschaftshilfe oder Verhalten im Sinne eines Ganzen gibt es nicht.

2. Die Individuen einer tierischen Sozietät, also eines Verbands aus Individuen einer einzigen Tierart, sind aufeinander bezogen. Kritischen Situationen durch zunehmende Bevölkerungszahlen wird durch bestimmte technische oder organische Leistungen begegnet. Diese gemeinsamen Leistungen binden das Einzelindividuum in solcher Weise an die Sozietät, daß es, Teilfunktionen ausübend, nur in dieser Gemeinsamkeit leben kann. Wie es in der Sozietät lebt, so stirbt es in ihr und an ihren Problemen. Jede Sozietät vermag eine bestimmte Anzahl von kritischen Situationen zu überwinden.

3. Die Gesamtheit von Tieren und Pflanzen in einem bestimmten Lebensraum nennen wir – wie eingangs gesagt – Lebensgemeinschaft oder Biozönose. Ansammlungen von solitär lebenden Tieren und auch die Sozietäten aller Tierarten sind immer auch Teile einer Lebensgemeinschaft in einer bestimmten äußeren Umwelt und werden von dieser getragen. Eine solche Lebensgemeinschaft als »Ökosystem« umfaßt alle Glieder ohne Ausnahme und sie stellt letzten Endes alle diese Glieder, ob einzelne oder ob ganze soziale Verbände, in ihr System. Dieses Ökosystem reguliert sich allein im Sinne seines Energiegefälles durch das einfache Mittel des Fressens oder des Gefressenwerdens, indem alle Organismen eines Lebensraumes entweder als Produzenten organischer Substanz (so die grünen Pflanzen) oder als Konsumenten 1. und 2. Stufe (so die pflanzenfressenden und die fleischfressenden Tiere) oder als Destruenten (so die Bakterien, welche tote organische Substanz abbauen) dem Kreislauf des Lebens auf der Erde unterworfen sind.

Otto Koenig

Bevölkerungswachstum und seine Folgen

Will man ein Phänomen verstehen, ist es am zweckmäßigsten und wohl auch am naheliegendsten, die ihm gegebene Bezeichnung, den Terminus also, den Begriff an sich zu analysieren.

Wir sprechen hier von Massen, von Massenvermehrung, von Bevölkerungsexplosion. Das mittelhochdeutsche Wort »Masse«, im Althochdeutschen »massa«, bedeutet soviel wie umgestalteter Stoff, im Lateinischen kommt ihm ein ähnlicher Inhalt zu, »massa« ist hier der Teigklumpen. Im Griechischen bedeutet »massein« soviel wie kneten, drücken, pressen – durchweg Bedeutungsinhalte, die uns eher unangenehm erscheinen. Der amorphen Gestaltlosigkeit, der Pressung und Knetung wünschen wir zu entgehen. Das zweite Wort »Volk« stammt aus dem Altgermanischen und ist seiner Herkunft nach nicht ganz geklärt. Es bezeichnet ursprünglich die Kriegerschar, den Heerhaufen, die Menschenmenge und steht als Terminus für die breite Allgemeinheit, ursprünglich im Gegensatz zur herausselektierten Oberschicht. In diesem Sinn wurde und wird der Begriff überaus häufig dort verwendet, wo man Billiges, Einfaches charakterisieren will. Volksempfänger, Volkswagen, Volkssturm, Volkspreise, Volkstheater, Volkskunst – das liegt gerade im Empfinden des Volkes selbst immer einige Teilstriche unter dem Besseren, dem Teureren. Verbindet man nun beide besprochenen Begriffe zu »Volksmasse«, von deren Vermehrung im Sinne der Bevölkerungsexplosion gesprochen werden soll, so erfaßt einen unweigerlich, völlig unabhängig von wirtschaftlichen oder gesellschaftlichen Positionen, ein Unbehagen. Man verbindet eben nichts Gutes mit der Vorstellung von Vermassung und Wachstum der Massen.

Dieses negative Gefühl als Reaktion sagt deutlich aus, daß der Mensch selbst dieses uns alle bedrohende Phänomen nicht wünscht. Die nächste Frage nach dem Warum – warum ist uns die Vermassung unangenehm? – kann nur aus biologischer Sicht beantwortet werden, weil es sich hier offensichtlich um eine sehr elementare, allgemein menschliche Einstellung handelt.

Es könnte im Grunde genommen ja auch anders sein. Es gibt zahlreiche Lebewesen, die sich nur in der Masse wohlfühlen. Der amerikanische Bison z. B., viele Seevögel oder auch Heringe. Andere Arten wieder leben solitär, also einzeln, wie der Dachs, der Feldhamster oder der Kuckuck. Mancher wird jetzt denken, die Verhaltensforschung vergleicht den Menschen wieder einmal mit verschiedenen Tierarten, was aber gar nicht der Fall ist. Ich habe nicht willkürlich Arten mit Arten, sondern lediglich ihre verschiedenen Sozialverhaltensweisen miteinander verglichen. Es war also kein Ganzheits-, sondern ein Faktorenvergleich.

Wenn ich ein Bild gebrauchen darf, so möchte ich von einer Wiese sprechen, auf der eine gewisse Anzahl verschiedener Blumen blüht. Binde ich nun Blumensträuße, so gibt es derart viele verschiedene Kombinationsmöglichkeiten, daß die Endergebnisse, also die fertigen Blumensträuße, miteinander keinesfalls vergleichbar sind. Da sich aber die einzelnen Elemente gleichen und in all den unterschiedlichen Kombinationen vorkommen, ist ein Vergleich der Ganzheiten auf dem Weg über die Einzelblüten durchaus möglich und wissenschaftlich legal. Wir können demnach zwar keinesfalls einen Iltis mit einem Schimpansen als komplexe Ganzheit vergleichen, wohl aber die zoologisch systematische Stellung, die ökologische Funktion in der Landschaft, die Nahrung, mögliche Lebensdauer, erreichbare Körpergröße und viele andere Einzelfaktoren gegenüberstellen. Die vergleichende Verhaltensforschung betreibt demnach primär die Analyse von Ganzheiten in ihre Faktoren und im weiteren Arbeitsgang den Vergleich der erkannten Verhaltensfaktoren. Dies soll auch in dem hier gegebenen Rahmen geschehen.

Neben der zoologisch-systematischen Stellung lassen sich Tierarten auf drei weiteren grundsätzlichen Ebenen vergleichen; es sind dies:

1. die ökologische Funktion,
2. die ökologische Situation,
3. die soziale Struktur.

Aus diesen Perspektiven kann die gesamte Verhaltensausstattung einer Art – also der aus verschiedenen Einzelteilen unterschiedlich zusammengebundene Strauß, um das bereits gebrauchte Bild nochmals zu verwenden – logisch erklärt werden. Unter der ökologischen Funktion verbirgt sich ganz grob und allgemein ausgedrückt die Elementarfrage: »Jäger oder Pflanzenfresser?« Zur ökologischen Situation hinwieder gehört der Problemkreis der Landschaftseinpassung. Eine Art kann im strukturierten Busch oder Waldgelände leben, eine andere wieder ist weiten Ebenen und der freien Sicht angepaßt. Ob die Struktur unter Wasser durch Korallenwälder oder über Wasser durch Bäume, Felsen oder andere Objekte hergestellt wird, spielt keine große Rolle. Wer in einem solchen strukturierten Gelände lebt, wird sich verschließen und verstecken, wird jederzeit Deckung finden und klettern können. Der Bewohner der freien Landschaft wiederum ist meist ein guter Renner, rascher Flieger – charakteristisch für ihn das Schreckflüchten auf große Distanz. Die dritte oder bei Einbeziehung der anfangs erwähnten »systematischen Stellung« eigentlich schon die vierte Vergleichsebene ist im vorliegenden Falle die uns wichtigste, nämlich die soziale Struktur. Hier geht es darum, ob eine Art solitär, also einzelgängerisch, sozial in kleinen Gruppen oder in Massen lebt.

Eine gewisse Komplizierung tritt nun aber durch die wechselseitige Abhängigkeit der Vergleichsebenen ein. Jäger z. B. kommen immer in kleineren Gruppen vor als die von ihnen gejagten Tiere, andernfalls käme es zur Existenzvernichtung. Wer von jemand anderem lebt, darf ihn nicht ausrotten, weil er sonst selbst zugrunde geht. Anderseits wieder beeinflußt auch die Struktur der Landschaft die mögliche Gruppengröße. In weiten Steppen können riesige Herden auftreten; schon im Waldgelände ist das schwieriger, weil einfach der Raum nicht da ist. So kommt es ja, daß der amerikanische Steppenbison zu Hunderttausenden in Herden die strukturlosen Prärien bevölkerte, der ganz nah verwandte europäische Wisent jedoch als Waldbewohner in kleineren Familien lebt. Die Zahl solcher Beispiele ließe sich beliebig vermehren. Zusammenfassend kann jedenfalls gesagt werden, daß in freier, offener Landschaft eine Tendenz zur Bildung großer Gesellschaften besteht, wohingegen strukturiertes Gelände die Kleingruppenbildung fördert. Daß auch die Art der Nahrung und des Nahrungserwerbes die Gruppengröße beeinflußt, daß also Jäger in geringerer Zahl auftreten müssen als ihre Beutetiere, wurde bereits gesagt. Wird nun die

Frage gestellt, in welcher Verbandform eine soziale, jagende, strukturiertem Gelände angepaßte Tierart vorkommt, so kann die Antwort nur lauten: »In Kleingruppen.«

Genau diese Charakterisierung aber paßt auf den Menschen. Er ist seiner in Jahrhunderttausenden herausselektierten, angeborenen Verhaltensausstattung nach ein Jäger und Sammler im strukturierten, deckungsreichen Gelände. Die Probe aufs Exempel läßt sich leicht durchführen. Heute, in einer Zeit, wo der zivilisierte Mensch fast keinerlei Möglichkeiten zum traditionell jägerischen Nahrungserwerb hat, reagiert er seine diesbezüglichen Tendenzen in zahllosen Jägerspielen, die vom Fußball bis zum Schach reichen, ab. Auch seine Neigung zur Deckung und Geborgenheit dokumentiert er dem kundigen Beobachter unter anderem durch den beliebten Aufenthalt in der sogenannten »gemütlichen Ecke«. Jedes echte Steppentier würde weithin freie Sicht nach allen Seiten bevorzugen. Mit diesen ökologischen Einpassungen hängt auch die Qualität der menschlichen Intelligenz aufs engste zusammen. Der suchende, beobachtende, lauernde, überlistende Jäger bedarf einer höheren Lern- und Merkfähigkeit als der äsende Pflanzenfresser. In einem ähnlichen Verhältnis stehen Lebewesen aus strukturiertem, merkmalsreichen Gelände jenen aus der monotonen Einheitlichkeit der Steppe gegenüber. Ihre Raumeinsicht, also ihre Raumintelligenz muß größer sein als bei letzteren. Zur Jäger- und Raumintelligenz kommt beim Menschen noch eine hohe Sozialintelligenz, also eine Lernfähigkeit auf dem Sektor mitbewohnender Artgenossen.

Während sich die Sozialleistung des solitären Lebewesens vorwiegend auf die Abwehr der konkurrierenden Artgenossen beschränken kann, muß das Kleingruppenwesen eine ganze Reihe solcher Artgenossen in allen ihren Handlungen und Einstellungen genau kennen und sich ihnen zum Teil auch anpassen. Es bedarf einer hohen Sozialintelligenz, auf die das Massentier verzichten kann. Ein Bison in der Tausendergesellschaft braucht gegen seinesgleichen im allgemeinen nur friedlich zu sein. Ein spezielles Aufpassen auf einzelne Artgenossen ist – ausgenommen vielleicht im Paarungsbereich – nicht nötig und wohl auch gar nicht möglich, weil ja die ganze Landschaft herum von Artgenossen überflutet ist und die Kontakte dauernd wechseln. Spezielle Freundschaften oder Feindschaften würden das Massenleben nur unnötig komplizieren. Jeder muß hier mit jedem auskommen – das ist oberstes Gesetz. Die Kleingruppe hingegen bedarf des Zusammenhaltes und somit der engen Bindung zwischen mehreren, in der Gruppe dauernd verbleibenden Individuen. Während man der Masse beliebig viele Artgenossen zusetzen kann, weil der Begriff »fremd« hier keine Bedeutung hat, sind die Mitglieder der Kleingruppe nicht austauschbar. Kein Zweifel, daß es bei dieser Situation besonderer sozialer Leistungen und Beziehungen jedes einzelnen bedarf. Die von Professor Koehler so genau untersuchten Fähigkeiten sozialer Tiere einschließlich des Menschen, Objektgruppen bis zur Zahl sieben oder acht »unbenannt« – also ohne jedes Durchzählen –, spontan zu erfassen, hängt höchstwahrscheinlich mit dem Leben in der Kleingruppe und dem Erfordernis, deren Vollständigkeit auf den ersten Blick erkennen zu können, zusammen. Auch die Tiefenpsychologie kam zu dem Schluß, daß die ideale Gruppe, in der ein Mensch seine höchste soziale Leistungsfähigkeit zu entfalten vermag, etwa bei sieben liegt. In der Verhaltensforschung spricht man gern von einer »Zehn- bis Zwanzigmann-Sozietät«. Die Idealzahl dürfte jedoch um zehn oder zwölf liegen. Schaut man sich irgendwelche aktiven, gut funktionierenden Wandergruppen, Stammtischrunden oder andere Freundeskreise an, so liegt die Mitgliederzahl nur selten darüber. Das also wäre die den menschlichen Sozialvalenzen entsprechende Gemeinschaft. Hier ist die Sozialintelligenz des Homo sapiens ausgelastet, nicht überlastet. Hier kommt jedes Individuum zu persönlicher Geltung und erträgt auch leicht das Geltungsbedürfnis aller anderen.

Nun sind wir natürlich in den Ballungsräumen der sogenannten zivilisierten Welt weit davon entfernt, ruhig in biologischen Kleingruppen leben zu können. Die Massen strömen und brodeln, und jedermann kommt täglich mit Hunderten von Mitmenschen in Berührung. Wie reagiert das Kleingruppenwesen auf diese offensichtliche Überbelastung? Wieder können uns Tierbeobachtung und Tierversuche Vergleichsbeispiele liefern. Sperrt man von einer Art zu viele Individuen zusammen, kommt es zu einer Steigerung des Imponier- und Drohverhaltens, einer Vermehrung der Kämpfe – zu Unruhe also und zu Unfrieden. Ein Versuch, fünfzig junge Kuhreiher, die einer durch Baumschlag zerstörten Brutkolonie entnommen waren, gemeinsam aufzuziehen, führte rasch zu Mißerfolgen. Aus haltungstechnischen Zweckmäßigkeitsgründen, worunter Vereinfachung und Beschleunigung des Fütterungs- und Reinigungssystems zu verstehen sind, wurden sämtliche Jungreiher zu je fünf und fünf auf insgesamt zehn eng beisammen stehende Kunsthorste verteilt. Die ursprüngliche Horstordnung war durch das Einsammeln der Vögel zerstört, die neuen Horstgemeinschaften kannten sich nicht, und durch den Umstand, daß die Horste auf dem flachen Boden standen, war das vagabundierende Herumlaufen erleichtert. Im Gehege herrschte Dauerkrieg. Obwohl es Futter im Überfluß gab, alle äußeren Gefahren ausgeschaltet waren und es den Jungvögeln an überhaupt nichts mangelte, gediehen sie schlecht, zeigten sich kränklich und erschöpften ihre Energien im Droh- und Fluchtverhalten. Als wir dann aber die Horstgruppen trennten und das Hin- und Herlaufen, also das dauernde Durcheinandermischen, verhind rten, trat Ruhe ein, und die Jungreiher gediehen in der ihnen adäquaten Situation von Viergeschwistergruppen ausgezeichnet.

Ins Menschliche übertragen haben diese und viele andere Versuche gezeigt, daß soziale Kommunikationsprobleme nicht durch Wohlstand und Sicherheit gelöst werden können. Und damit sind wir beim Kernpunkt der Frage nach den Folgen der Menschenvermassung angelangt. Abgesehen von physischen Erkrankungen als Reaktion auf sozialen Streß, die bei Tier und Mensch nachgewiesen sind, kommt es zu einer Fülle psychischer Fehlleistungen. Eine der wichtigsten davon ist das »Überimponieren«. Ein kleinerer Teil der Menschen resigniert zwar und wählt als Ausweg den Rückzug ins eigene Schneckenhaus, doch die Masse setzt, fast möchte man sagen: in direkter Proportion zur Gruppenvergrößerung, die in der Kleinsozietät gesunde Tätigkeit der Selbstbehauptung fort. Da aber die körpereigenen Mittel in der Masse versagen und Vorzüge des einzelnen gar nicht mehr zur Geltung kommen, weil niemand die Zeit hat, sie zu erkennen, wird nun zwangsläufig nach technischen Prothesen, nach »Persönlichkeits- und Lautverstärkern« gegriffen. Es sei hier nicht über Autos, Fernsehgeräte, Plattenspieler oder Waschmaschinen diskutiert. Die alle haben längst den Boden der Nützlichkeit in Richtung des Imponierwertes verlassen. Wichtig für unsere Erkenntnis ist nur die Feststellung, daß die dem Leben in der

Kleingruppe angepaßte Skalenbreite genetisch fixierter Ausdrucksmittel – seien es Herzlichkeit, Freude, Trauer, Wut oder Stolz – einfach zu schlicht sind, um in den akustisch und optisch überlauten Ballungsmassen aufzufallen. Das alte Geschäftsschild aus Holz weicht den heute bunten Neonreklamen. Das Liebeslied muß elektronisch verstärkt aus Lautsprechern dröhnen, und die sexuelle Stimulierung erfolgt im Massenkino via Pornofilm. Es ist eine jederzeit überprüfbare Tatsache, daß die alten Volkstrachten dort bunter und auffälliger sind, wo mehr Konkurrenzsituation besteht, daß magische Amulette, die im einsamen Dorf klein und oft unscheinbar aussehen, in der Stadt zu prunkvollen Gebilden heranwachsen. Was im bayrischen Dorf der bunte Maibaum, ist in der Großstadt der überhohe Imponier-Betonnadelturm mit Drehrestaurant und Funkantenne. Die Lieder der Vögel an der brandenden Meeresküste sind lauter und härter als die in stillen Wäldern.

Die Natur – wenn ich dieses Wort hier als allgemeinen Sammelbegriff für schwer definierbare Gesamtprozesse verwenden darf –, hat in sparsamster Weise einem jeden Lebewesen genau die für seinen Lebensraum erforderliche Leistungsausstattung gegeben und dazu noch ein Stück Plastizität und Anpassungsfähigkeit. Gerade auf diese letzteren bauen Politik und Wirtschaft am meisten: der Mensch wird sich anpassen. Das stimmt bis zu einem gewissen Grad. Leider aber ist die Anpassungsfähigkeit auch wieder stark spezialisiert – sie liegt nämlich genau dort, wo die Natur die Variablen gesetzt hat: Variabel ist die Nahrung, die eine Landschaft bietet. Variabel sind die Feinde; Klima und Wetter können sich ändern, Pflanzen und Tiere der Umgebung müssen nicht immer in konstant gleichen Kombinationen vorkommen. Unveränderlich jedoch ist für Artgenossen der andere Artgenosse. Die innerspezifischen Abläufe sind die starrsten dieser Welt. Sie ändern sich im Laufe eines individuellen Lebens nicht. Ein Papagei kann südamerikanischen Mais ebenso fressen wie europäische Zirbelnüsse. Eine Ratte nährt sich von Weizen und Karotten ebensogut wie von Hafer und Äpfeln – sozial existieren kann sie aber nur in einer echten Rattensozietät und niemals unter Kaninchen oder Goldhamstern.

Es ist theoretisch überhaupt kein Problem, riesige Menschenmassen zu ernähren. Das geht mit Algenmehl so gut wie mit Fisch, Hirsebrei, Reis oder künstlichen Nahrungstabletten. Was der Mensch braucht, sind Kohlehydrate, Eiweiß, Vitamine, Salze und einige Spurenelemente. Ob die in Form eines Hirschsteaks mit Preiselbeeren und grünen Bohnen oder in Form von Salanganennestern und gekochtem Trepang mit Reis aufgenommen werden, ist eine Frage der Gewöhnung. Ähnlich liegen die Dinge auf dem Sektor Klima. Im Norden zieht man sich eben mehr an und im Süden weniger. Physiologisch sind die Gegenwartsprobleme vielleicht zu meistern – psychologisch jedoch niemals. Und da sowohl die physiologischen Einwirkungen psychische, wie die psychischen physiologische Folgen zeitigen, führt das Problem »Vermassung« den Menschen früher oder später in eine Katastrophe. Mag sein, daß die in der Masse notwendige Übersteigerung der eigenen Leistung im Zuge des individuellen Trainings hochgezüchtet werden kann. Nicht zu verkraften ist das gleichermaßen übertriebene Agieren der Mitmenschen. Das heißt, daß es mir weniger ausmacht, selbst laut schreien zu müssen, als wenn ich angeschrien werde. Die in der Masse unvermeidbare Reizüberflutung birgt die Hauptgefahr. Und genau diese Reizüberflutung wird im gesamten wirtschaftlichen und politischen Leben am rücksichtslosesten betrieben und ist der sozial am wenigsten kontrollierbare Bereich. Hier sind wir genauso vogelfrei jeder fremden individuellen Initiative ausgesetzt wie der Schimpansenmann seinem stärkeren Rivalen – mit einem großen biologischen Unterschied: die Imponierveranstaltung der Schimpansen liegt innerhalb der artspezifischen Sender- und Empfängerleistung –, die unsere hingegen ist beim Sender weit über das Leistungsvermögen des Empfängers hinaus technisch verstärkt.

Zwei Aspekte sind jetzt noch kurz zu beleuchten. Erstens wäre festzustellen, daß die sogenannte Bevölkerungsexplosion wohl in Asien, Afrika und Südamerika, nicht aber in Europa stattgefunden hat. Die Zahlen haben sich hier nicht wesentlich verändert, zum Teil sind sie sogar gesunken. Verändert hat sich nur die Relation zwischen Stadt und Land. Die zunehmende Menschenkonzentration in hochindustrialisierten Großstädten simuliert uns durch Verdichtung eine ungesunde Vermehrung. Leider scheint uns dies aber nicht zu genügen, und so täuschen wir uns ungewollt noch eine weitere Vermassung vor, die real besehen nicht besteht. Jedes Lebewesen betrachtet und bewertet die Welt nach seinem ihm eigenen Artmaßstab. Eine Landschaft mit runden Hügeln, kurvigen Linien scheint uns freundlich, weil wir rundliche Menschen, kleine Kinder und Mädchen als freundlich bewerten. Die harten kantigen Züge dagegen wirken kriegerisch, folglich scheint uns wild verwegen und gefährlich, was in dieses Schema paßt. Wir projizieren unsere intraspezifische angeborene Charakterkenntnis genauso in die Landschaft hinein wie ein weißer Reiher, der sozial interessiert auf ein flatterndes weißes Papier zusteuert. Wir sind einfach attrappensichtig, was heute jeder Plakatmaler und Schaufensterdekorateur genau weiß und werbetechnisch oft hervorragend nützt. Schon ein einfacher Kreis mit Zentralfleck reißt den Blick der Vorübereilenden rasch dorthin, wo ihn der Werbemanager haben möchte – und dies ganz einfach deswegen, weil wir selbst auf die simpelsten Augen-Attrappen automatisch mit Hinschauen reagieren. Ein Haus etwa mit vielen kleinen Fenstern bis oben hin zu einem flachen Dach wirkt wie ein stirnloses, dumm und böse schauendes Gesicht. Ein Auto wirkt wie ein agierendes Lebewesen, seine großen Scheinwerfer glotzen uns an. Die verkehrsreiche Straße wird unterbewußt zum animalischen Gedränge. Die hohen, ungegliedert ausdruckslosen Beton-Flachdachhäuser beeinflussen unsere Stimmung genauso wie eine starre und mimisch unbewegte, geistlos auf uns schauende Menschenmasse. Die pseudomoderne, nur nach finanzökonomischen Überlegungen gebaute Fertigteilstadt steigert die innerartliche Gedränge- und Drohsituation. Die zusätzliche Signal-, ja Schockfarbenfülle, das geplante Lichterflimmern der Auslagen reizen auf, da sie durch Vortäuschen von Gefahren und undefinierbaren Massen höchste Wachsamkeit produzieren. Die scheinbare Akkommodation ist hier weit weniger echte Gewöhnung durch Plastizität als vielmehr Erschöpfung des Sinnesapparates – wie bei einem Küken, das so lange nach der Henne schreit, bis es nicht mehr kann. Niemand verwechsle diese Art der »Ruhe« mit »Beruhigung«.

Der letzte zu erwähnende Aspekt betrifft die biologische Reaktion der Art auf die dargelegten Gegebenheiten. Es gibt nämlich keine Situation, die von Lebewesen nicht biologisch sinnvoll beantwortet würde. Diese Fähigkeit ist eines der wesentlichen Charakteristika lebendiger Materie.

Unter biologisch sinnvoll haben wir allerdings weder »lebensrettend« noch »angenehm« zu verstehen. Es ist z. B. biologisch sinnvoll, daß ein Mensch und wahrscheinlich auch jedes andere Tier im Moment der Erbeutung und Tötung durch einen stärkeren Jäger in der Schocksituation keine Schmerzen empfindet. Wozu auch die Schmerzwarnung, wenn sie ohnedies nichts mehr nützt? Auch unser Gehirn ist schmerzunempfindlich, weil die Abwehr gegen einen Feind, der die Zentrale zerstört, nichts nützt. Biologisch sinnvoll ist es auch, daß eine Känguruhmutter in panischer Flucht ihr Kind aus dem Beutel wirft. Sie allein kann sich vielleicht retten und vermag dann ein neues Kind zu gebären. Das nützt der Art mehr, als wenn sie sich aufopfert und mitsamt dem Kind zugrunde geht. Die Maus, die im bedrohten Nest ihre Kinder auffrißt, entzieht sie dem Feind und führt sie physiologisch der eigenen Art zu.

Wie also reagiert der Mensch biologisch sinnvoll auf die Vermassung, wenn das Abwandern wirtschaftlich unmöglich ist und ihn zahllose, scheinbar positive Wohlstandsannehmlichkeiten an den Wohnort binden? Als territoriales und somit primär auf Verteidigung, nicht auf Flucht eingestelltes Lebewesen versucht er die anderen zu vertreiben. Das tut er beileibe nicht bewußt und planmäßig (rational weiß er ja, daß er die anderen braucht). O nein – er wird einfach unbewußt aggressiver. Sein Blutdruck steigt an, seine Reizbarkeit gegen Artgenossen wird erhöht, unterbewußt staut er alle seine Handlungen und Maßnahmen in Richtung »Auseinandertreiben«. Gleichzeitig aber kommt es zu einer äußeren Steigerung der »Entschuldigungsriten«. So wie der Jäger heute noch in schamanistischer Steinzeittradition, sich selbst entschuldigend, dem eben getöteten Wild den letzten Bissen in den Äser steckt, tarnt der Mensch die in der Masse waltende Unmenschlichkeit mit Menschlichkeitsfloskeln. Der endlich allein sein wollende Gastgeber komplimentiert den Besucher unter tiefem Bedauern und mit der Bitte, vielleicht doch noch zu bleiben, in den Regen hinaus. Nirgendwo wird z. B. soviel von Kameradschaft, Hilfsbereitschaft und Höflichkeit gesprochen wie im Rahmen des ausgesprochen aggressiven Autoverkehrs.

Aber es soll hier nicht nur von der Fülle des oft wortverfälschenden Entschuldigungsverhaltens gesprochen werden, sondern von der im Sinne der Kleingruppe biologisch positiven Tendenz zur »Massensprengung«. Am intensivsten und ungeschminktesten tritt dieses Verhalten entwicklungsbedingt bei der Jugend auf. Nichts ist so krankheitsanfällig und innerlich labil wie eine amorphe Masse von sozial überbelasteten Kleingruppenwesen. Zu halten sind solche unnatürlichen Zwangszustände allein durch Gesetz und harte Ordnung. Es ist situationstypisch, daß die Sehnsucht nach Ordnung dauernd wächst, gleichzeitig aber an einer scheinbaren »Durchdemokratisierung« gearbeitet wird. Diskussion ist Trumpf, obwohl jeder weiß, daß eine größere Menschenmenge allein schon ihrer Zahl wegen gar nicht echt zu diskutieren vermag. Das Kleingruppenwesen zersetzt die Masse, indem es ihr organisatorisch dauernd auszuweichen versucht, jede für die Ganzheit wichtige Ordnung in Frage stellt und als Ausgleich zum massengerechten Fließband-Arbeitsplatz in vermehrte Freizeit und Eigenbrötlerei flüchtet, die es in der ihm entsprechenden kleineren Gruppe niemals anstreben würde. Allen voran die reifende Jugend, die in ihrer aktivitätshungrigen Unreife das »In-Frage-Stellen« und »Verunsichern« zum Selbstzweck erhebt. Daraus allerdings darf man ihr keinen Vorwurf machen. In einer falschen Idealisierung und Unifizierung des Menschen hat man wohl vorwiegend aus ideologischen, scheinhumanen Gründen alle Leistungs- und Verhaltensunterschiede zwischen Mann und Frau, zwischen heranwachsenden und erwachsenen Menschen wegdiskutiert und zum Teil jene an wichtige Leistungs- und Entscheidungsstellen herangeholt, die das Bestimmen und Entscheiden vorerst hätten erlernen und einüben müssen.

Die Jugend erhielt vielfach von der wohlstandsträgen Erwachsenengeneration die echten Werkzeuge anstatt der für sie viel wichtigeren Übungsgeräte in die Hand gedrückt und spielt nun – und dies im wahrsten Sinn des Begriffes »Spielen« – zu ihrem eigenen späteren Schaden in Bereichen mit, zu deren Meisterung Erwachsensein und Reife Vorbedingung sind.

Massentiere verfügen über äußerst starre, gleichschaltende Verhaltensweisen. Die sozusagen »vollsynchronisierten« Geschwisterstaaten – oder besser Massenfamilien – der Insekten funktionieren auf diese Weise tadellos. Wenn der Mensch nun zwar unfreiwillig und für ihn selbst unangenehm überraschend den wimmelnden Insektenstaat phänotypisch kopiert hat, genotypisch dafür aber ungeeignet ist, so bleibt ihm nichts übrig, als den fehlenden, starren Genotypus im Phänotypus zu rekonstruieren. Das ist der wenig erfreuliche Weg zur Diktatur. Folgt er emotional dem eigenen Genotypus, so wird er früher oder später die Vermassung auf eine ähnliche Weise auflösen, wie es höchst unfreiwillig die Lemminge tun – durch ungewollte Zerstörung der Lebensbasis und aggressive Versprengung der Artgenossen. Biologisch ist dieser Akt sinnvoll und zutiefst menschlich, weil er dem verbleibenden Rest im Sinne der Art ein neues menschliches Leben ermöglicht. Vernünftig und intelligent ist keiner der Wege, denn sie beweisen, daß wir dort nicht rechtzeitig gesteuert haben, wo wir aufgrund unserer Erkenntnisse sehr wohl dazu fähig gewesen wären.

Friedrich Vogel

Familienplanung und ihre Möglichkeiten

Sie alle kennen das Problem, um das es geht: Die Bevölkerung der Welt nimmt rasant zu. Es gibt schon heute nicht viel weniger als vier Milliarden Menschen, während es vor 50 Jahren nur ca. zwei Milliarden waren; man hat geschätzt, daß diese Zahl im Jahre 2000 auf etwa sechs bis sieben Milliarden und im Jahre 2050 auf vielleicht neun bis zehn Milliarden oder noch höher ansteigen wird, wenn es so weitergeht wie bisher. Alle diese Menschen müssen ernährt werden; sie brauchen Rohstoffe – Energie – Wasser; sie müssen Platz haben, um ihre Häuser darauf zu errichten; sie brauchen Infrastrukturen, damit ihre Lebensbedürfnisse geordnet nach Raum und Zeit erfüllt werden können. Hier scheint es auf den ersten Blick nur eine Antwort zu geben: Wir müssen den Bevölkerungszuwachs mit allen Mitteln aufhalten. Gelingt uns das nicht, so kommt sehr bald der Zeitpunkt, an dem das ganze System zusammenbricht; denn der Raum auf unserer Erde ist endlich. Sie kann nur einer begrenzten Zahl von Menschen Lebensmöglichkeiten bieten. Die Studie ›Grenzen des Wachstums‹ hat diese Selbstverständlichkeit einer großen Zahl von Menschen offenbar zum ersten Male bewußt gemacht. Darüber hinaus hat sie gezeigt, daß das Problem rasch auf uns zukommt; es ist ein Problem der kommenden hundert Jahre.

Also: Geburtenkontrolle mit allen Mitteln: Jeder soll bei sich selbst anfangen; das Ehepaar, das mehr als zwei Kinder in die Welt setzt, verhält sich egoistisch, es vergeht sich gegen die internationale Solidarität der Menschheit. Damit müßte man doch Erfolg haben, insbesondere, wenn man es den Menschen von Kindheit an klarmacht; schließlich bringen Kinder auch Unbequemlichkeiten mit sich; und außerdem haben wir in der »Pille« zum ersten Male ein sicher wirkendes Kontrazeptivum. Etwas Erziehungsarbeit, vielleicht hier und da auch Zwang, wenn manche Gruppen sich allzu uneinsichtig zeigen – und das Problem wäre gelöst. Die Zahl der Menschen bliebe konstant, und die Menschheit könnte sich behaglich auf unserem Erdball einrichten. So einfach ist das.

Ist es wirklich so einfach? Blicken wir einmal nicht auf die ganze Menschheit, sondern auf die Bundesrepublik! Unser Land hat etwas über 60 Millionen Einwohner. Noch im Jahre 1964 wurden 1 065 437 Lebendgeborene registriert, das sind 18,2 auf tausend Einwohner. Diese Zahl lag um 421 309 über der Zahl der Gestorbenen. Schon 1970 dagegen ging die Zahl der Lebendgeborenen auf 810 768 zurück; das sind nur noch 13,2 auf 1000 Einwohner, und diese Zahl lag nur noch um 76 076 höher als die Zahl der Todesfälle. Der Geburtenüberschuß hatte sich damit 1970 auf nur 18 % des Standes von 1964 vermindert. Von Januar bis Oktober 1972 schließlich betrug die Geburtenziffer, wenn wir einer Meldung des ›Spiegel‹ glauben schenken, auf das Jahr umgerechnet nur noch 11,5 je tausend Einwohner, die Zahl der Gestorbenen dagegen 11,7 je 1000. Danach hätten wir für 1972 mit einem Geburten-Defizit von 20 000 bis 40 000 zu rechnen.

Sehen wir von der Zu- und Abwanderung einmal ab, so muß sich die Bevölkerung also zum ersten Male etwas verringert haben.

Natürlich wirkten hier verschiedene Faktoren zusammen. So haben jetzt gerade die geburtenschwachen Jahrgänge um 1945 herum das Alter erreicht, in dem die meisten Menschen ihre Kinder bekommen. Der Hauptfaktor ist jedoch meiner Überzeugung nach eine veränderte Einstellung zur Fortpflanzung überhaupt: Erst jetzt ist jedem zu Bewußtsein gekommen, daß man Kinder nicht einfach vom Schicksal hinnehmen muß, sondern daß man sie wollen oder auch nicht wollen kann.

So wären wir, die Bundesrepublik, eines der ersten Länder auf der Welt, welche das Klassenziel einer nicht mehr wachsenden stabilen Bevölkerung erreicht hätte – wir könnten stolz sein auf unser Land –, und unsere Aufgabe wäre es, anderen Völkern zur gleichen Höhe aufgeklärter Planungsbereitschaft zu verhelfen.

Nun – vielleicht ist es wirklich so; aber viele Menschen betrachten die Entwicklung bei uns auch mit Sorge. Einige Gründe möchte ich nennen: So ist keineswegs sicher, daß sie beim jetzigen Stande verharren wird; der Trend könnte sich auch fortsetzen, und dann würde die Bevölkerung abnehmen. Rechnen wir dazu die erhöhte Lebenserwartung, dann müßte die Zahl der Menschen im Rentenalter im Verhältnis zur arbeitenden Bevölkerung immer größer werden – und wer sollte dann die vielen alten Menschen ernähren? Schon heute braucht unsere Wirtschaft mehr Arbeitskräfte als wir haben; wir füllen die Lücken mit Gastarbeitern. Daß die Geburtenziffer noch nicht stärker unter die Ziffer der Gestorbenen abgesunken ist, verdanken wir hautpsächlich den Gastarbeitern. Denn sie haben noch verhältnismäßig viele Kinder.

Man kann darüber diskutieren, ob dieser erhöhte Menschenbedarf nicht in sich bereits ein ungesundes Symptom für eine zu sehr am Wachstum orientierte Gesamtentwicklung ist; wir wollen das hier nicht tun. Im Augenblick genügt uns die Erkenntnis: Der Abbruch des Wachstumsprozesses oder gar der Übergang in eine Bevölkerungsabnahme hilft zwar einige Probleme leichter lösen, er wirft aber auch neue Probleme auf.

Eines dieser Probleme wird uns deutlich, wenn wir den Blick wieder auf die Weltbevölkerung richten: Gegenwärtig ist, grob geschätzt, etwa jeder 60. Mensch auf der Welt ein in der Bundesrepublick lebender Deutscher; bleibt unsere Bevölkerungsentwicklung konstant, während die Weltbevölkerung im bisherigen Tempo zunimmt, dann kann es sehr bald nur jeder 100. oder jeder 200. sein. Sie meinen, das sei doch nicht weiter tragisch. Nur engstirnige Nationalisten könnten eine solche Entwicklung mit Sorge betrachten. Vielleicht haben Sie sogar recht mit diesem Einwand; aber erwarten Sie, daß die Mehrzahl der Menschen so denkt wie Sie? Das wäre doch wohl etwas naiv.

Lassen Sie mich ein Beispiel dafür nennen, wie solche Probleme anderswo aussehen: Ein Volk, dem das Problem des Bevölkerungszuwachses besonders auf den Nägeln brennt, sind die Inder. Noch 1950 hatte Indien eine Bevölkerung von etwas über 400 Millionen. Diese war bis 1970 auf 552 Millionen angestiegen, und man rechnet für 1980 mit 687 Millionen. Alle Erfolge der indischen Landwirtschaft, etwa die Ertragssteigerung von Weizen und Reis durch Einführung neuer Sorten, so eindrucksvoll sie auch im einzelnen sind – und auch alle anderen wirtschaftlichen Fortschritte –, sie werden aufgezehrt durch die Zunahme der Bevölkerung. Bei aller Mühe – Indien gleicht einem Faß ohne Boden, solange dieses Problem nicht gelöst ist.

Natürlich wissen das die Inder. Sie ziehen auch Konsequenzen:

Ein Netz von Beratungsstellen für Familienplanung überzieht das ganze Land. Verhütungsmittel werden kostenlos oder gegen eine geringe Gebühr verteilt; man gibt sich alle Mühe, die Bevölkerung aufzuklären; in den meisten Dörfern findet sich ein Plakat mit den Köpfen eines Ehepaares und zweier Kinder, und darunter steht: »Zwei, und das ist genug.« Viele Männer lassen sich operativ sterilisieren. Doch der Gesamterfolg all dieser Maßnahmen ist enttäuschend gering. Fragt man indische Kollegen nach den Gründen dafür, so erhält man zunächst einmal eine Fülle von Antworten. So sucht man die Gründe bei den Verhütungsmitteln: Die Pille sei erstens zu teuer, zweitens sei eine indische Frau nicht in der Lage, sie jeden Abend regelmäßig einzunehmen, und drittens sei man überhaupt nicht sicher wegen der Nebenwirkungen. Nun – das Argument mit dem Preis ist sicher richtig, wenn auch überaus kurzsichtig: Für die Einzelfamilie wie für den Staat ist ein Kind noch wesentlich teurer. Das zweite Argument habe ich nie so recht glauben wollen: Wie mir erst kürzlich eine auf diesem Gebiet sehr erfahrene Kollegin aus Dänemark berichtete, kann man sogar leicht schwachsinnigen Frauen beibringen, die Pille regelmäßig zu nehmen; man muß ihnen nur recht eindringlich klarmachen, worum es geht. Sie werden dann sogar oft zuverlässiger sein, als manche Akademikerin. Die durchschnittliche Inderin mag zwar vielleicht noch Analphabetin sein; durch ihre tägliche Arbeit beweist sie, daß sie recht intelligent ist. Natürlich könnte sie lernen, die Pille zu nehmen – wenn sie nur wollte. Aber will sie eigentlich? Das ist die entscheidende Frage.

Wir sollten sie nicht beantworten, bevor wir uns gefragt haben: Wie steht es denn mit den anderen Verhütungsmitteln? Da hat man vor einigen Jahren große Hoffnungen auf die sogenannten »Loops« gesetzt. Das sind spiralenähnliche Plastikkörper, die von der Scheide her in die Gebärmutter eingelegt werden, dort für lange Zeit liegen bleiben und eine Einnistung des befruchteten Eis mit hoher Wahrscheinlichkeit verhindern. Als ich 1966 zum erstenmal in Indien arbeitete, erzählte man mir überall begeistert, in wie großem Umfange diese Methode angewandt werde, und welche Erfolge man erzielt habe. Während meines Indienaufenthaltes 1969 bemerkte ich dann, wie die Ernüchterung eingetreten war: Die

»Loops« waren in vielen Fällen unverträglich; es kam zu Blutungen; man hatte die Methode offenbar weitgehend wieder verlassen. Die genannten Schwierigkeiten sind zweifellos wirklich aufgetreten. Meiner Meinung nach lagen sie aber nicht in der Methode selbst begründet, sondern in ihrer unzweckmäßigen Anwendung. In anderen Ländern, beispielsweise in den USA, werden die Loops nämlich seit langem mit bestem Erfolg angewandt; Komplikationen gibt es kaum. Auch in Indien hätte man logischerweise versuchen müssen, die Methode an die dortigen Verhältnisse besser anzupassen. Statt dessen verwarf man sie vielfach ganz.

Keine der beiden heute gebräuchlichsten Methoden, weder die Pille noch der Loop, hat also bisher den gewünschten Erfolg gehabt – obwohl auch dort viele Menschen überzeugt sind, daß die Zukunft des Landes vom Erfolg der Geburtenbeschränkung abhängt, und obwohl die Regierung alles ihr nur mögliche tut, um diesen Erfolg herbeizuführen. Wie war das möglich?

Die Antwort kann nur lauten: Der Mißerfolg ist nicht durch die Methoden bedingt. Er ist dadurch verursacht, daß die große Mehrzahl der indischen Familien eine Geburtenbeschränkung nicht wirklich will. Diese Menschen leben in einer durch vieltausendjährige Tradition geprägten Sozialordnung, die den einzelnen in seinem Verhalten zur Kaste, zur Familie – und eben auch zur Frage des Kinderkriegens festlegt. Eine solche Ordnung trägt ihren Lohn für denjenigen in sich, der in ihrem Rahmen bleibt; sie bestraft jeden, der ausbricht. Wenn ich sterbe und ich habe keinen Sohn – wer wird dann den Feuerbrand in meinen Mund legen und dafür sorgen, daß mein Leib den Regeln entsprechend verbrannt wird, damit sich meine Seele aus der leiblichen Verstrickung lösen kann? – Allzuleicht lächeln wir über solche Erwägungen; dabei sollten wir aber nicht vergessen, daß etwa 45 % der Bevölkerung in der Bundesrepublik wenigstens nominell einer Religionsgemeinschaft angehören – nämlich der katholischen Kirche –, deren Oberhaupt noch vor vier Jahren in der Enzyclica humanae vitae den Gebrauch von Methoden der Kontrazeption, wie wir sie hier erwähnt haben – also Pille und Loop –, als unzulässig erklärt hat.

Religion und Sitte haben den guten biologischen Sinn, einer menschlichen Gesellschaft das Überleben und die bestmögliche Entfaltung sichern zu helfen. In der Vergangenheit gehörte dazu vor allem der Schutz der Fortpflanzung, denn sie war durch viele äußere und innere Einflüsse bedroht. So war es sinnvoll und notwendig, die Fortpflanzung mit möglichst wirksamen Sicherungen zu umgeben. Nur – was damals ein Segen war – heute wird es allzuleicht zum Fluch.

Doch zurück nach Indien: Dort hat das religiöse Gebot gleichzeitig konkrete Folgen im praktischen Leben: Es gibt keine soziale Versorgung in unserem Sinne für die Zeit, in der die Menschen zu alt oder zu krank sind, um für sich selbst zu sorgen. Sondern die Sitte schreibt den Söhnen vor, die alten Eltern zu erhalten. Möglichst viele Söhne bedeuten also eine möglichst gute Altersversorgung. Umgekehrt: Wenn ich keinen Sohn habe – wer sorgt dann später für mich?

Dazu kommt noch etwas ganz anderes: Wie Sie wissen, gehört die große Mehrzahl der Inder der hinduistischen Religionsgemeinschaft an. Eine sehr starke Minderheit jedoch besteht aus Muslims, und diese beiden Gemeinschaften sind einander oft feindlich gesinnt. Der indische Bundesstaat versteht sich ausdrücklich als weltlicher Staat; in ihm sind Mitglieder aller Religionsgemeinschaften grundsätzlich gleichberechtigt. Aufgrund ihrer Zahl haben die Hindus aber ein natürliches Übergewicht.

Spricht man nun mit Indern über Geburtenkontrolle, so hört man immer wieder auch von intelligenten und aufgeklärten Gesprächspartnern das Argument: »Ja, was wird denn geschehen, wenn nur wir Hindus unsere Fortpflanzung einschränken, die Muslims aber nicht? Binnen weniger Generationen – es läßt sich leicht ausrechnen, wann – werden die Muslims die Mehrheit in unserem Lande haben.« Für einen Hindu offenbar eine unerträgliche Vorstellung. Auch hier will uns das Lächeln nur allzuleicht auf die Lippen. Aber seien wir ehrlich: Wie war uns vorhin zumute, als wir erfuhren, daß die relative Häufigkeit der in der Bundesrepublik lebenden Deutschen in der Gesamtbevölkerung der Welt sehr wahrscheinlich abnehmen wird? Und das gilt ja nicht nur für uns Deutsche, sondern – wenn auch noch nicht ganz im gleichen Maße – für alle Menschen weißer Hautfarbe. Betrachten wir das Beispiel Südamerikas! Dort haben die Staaten mit dem größten Anteil an Menschen europäischer Abstammung – Argentinien und Uruguay – die geringste Vermehrungsrate. Und umgekehrt, die Bevölkerungen mit dem geringsten Anteil von Weißen – z. B. Brasilien, Peru und Venezuela – vermehren sich am stärksten. Oder wie sieht es in den USA aus? Auch hier nimmt die Negerbevölkerung am stärksten zu; gleichzeitig finden sich hier die Menschen in schlechter sozialer Lage. Deshalb richtet sich die Propaganda für Geburtenkontrolle gerade auf diesen Bevölkerungsteil. Von jedem vernünftigen und sozialen Standpunkt aus ist das auch ganz berechtigt; aber kann man es den Neger-Aktivisten wirklich verdenken, wenn sie diese Propaganda als einen besonders hinterlistigen, gegen die Neger gerichteten Trick der Weißen verstehen?

Umgekehrt müssen wir uns ernsthaft fragen – und ich bin mir durchaus bewußt, daß ich mit dieser Frage eines der bestbeschützten Tabus aller Menschen verletze, die sich selbst gern als liberal und fortschrittlich betrachten: wir müssen uns fragen: Können wir es in der Tat wünschen, daß die Häufigkeit von Weißen im Verhältnis zu Menschen anderer Herkunft in Zukunft stark abnimmt? Schließlich wurde die moderne Zivilisation im wesentlichen von Weißen geschaffen. Wie werden sich die Lebensformen auf der Erde verändern, wenn einmal der Haupteinfluß – sagen wir – bei den Chinesen liegen wird?

Auf diese Frage weiß ich keine Antwort; ich muß aber bekennen, daß der Gedanke mich unbehaglich stimmt.

Doch nun stellt sich uns ernstlich das Problem: Wie wird es weitergehen? Wie wird die Bevölkerungsentwicklung in Zukunft aussehen? Dazu müssen wir uns zunächst fragen: Wie ist es zu dem jetzigen Zustand gekommen? Wie haben sich die Dinge in Westeuropa entwickelt? Diese Frage läßt sich – wenigstens in großen Zügen – leicht beantworten.

Blicken wir einige Jahrhunderte zurück und vergegenwärtigen wir uns das Bild der damaligen europäischen Gesellschaft: Diese Gesellschaft war ständisch gegliedert. Der Aufstieg von einem Stand in den anderen war zwar nicht unmöglich, war aber eine Ausnahme. In der Regel blieb man innerhalb der Berufsschicht, in der man geboren war. Dort gab es »Stellen«, die den Lebensunterhalt der Familie ermöglichten, so z. B. Handwerksbetriebe oder

Bauernhöfe. Es hing nicht so sehr von der Leistung, wie vom Glück (oder der Geschicklichkeit, die richtige Erbin zu heiraten) ab, ob man in eine solche Stelle einrücken konnte oder nicht. Der Stellenbesitzer hatte dann die Möglichkeit zu heiraten und eine Familie zu gründen. Geburtenbeschränkung gab es dann nicht. Solange der Vater »Stelleninhaber« war, arbeiteten die Kinder auf dem Hof oder im Betrieb mit; sie waren also niemals »unnütze Esser«, sondern im Gegenteil Kapital, das sich durch Arbeitsleistung verzinste. Die Kinderzahl war also in der Regel hoch, wenn auch Säuglingssterblichkeit und Infektionskrankheiten ihren Zoll forderten. Hatte man dagegen nicht das Glück, in eine »Stelle« einzurücken, so konnte man in der Regel auch nicht heiraten und blieb kinderlos.

Die Bevölkerungszahl regulierte sich an der Zahl der Stellen; sie blieb gleich oder konnte doch nur langsam steigen.

Gegen Ende des 18. Jahrhunderts begann, von England ausgehend, die große soziale Revolution, die wir mit einem »pars pro toto«-Begriff Industrialisierung nennen. Sie wurde dadurch möglich, daß moderne Methoden der Landwirtschaft die Produktivität steigerten und Arbeitskräfte auf dem Lande freisetzten. In der neu entstehenden Industrie erwies sich nun das alte Stellensystem mehr und mehr als undurchführbar. Heirat und Familiengründung sah man als selbstverständliches Recht eines jeden an. Das führte zu einer explosionsartigen Bevölkerungsvermehrung. Sie wurde noch dadurch verstärkt, daß die allgemeine Sterblichkeit zu Beginn des 19. Jahrhunderts erheblich abnahm, vor allem infolge der Pockenschutzimpfung. Mehrere Jahrzehnte später, gegen Ende des 19. Jahrhunderts, folgte auch ein starker Rückgang der Säuglingssterblichkeit. Sie lag vor 100 Jahren noch bei ca. 25 %, ist aber jetzt bei uns auf ca. 2 % abgesunken.

Zugleich aber änderte sich das Verhältnis der Kinder zur »Stelle« des Vaters. Gemäß dem Vorbild der alten Bauernhöfe und Handwerksbetriebe hatte man zwar zunächst auch in der Industrie begonnen, Kinder mitarbeiten zu lassen. Das führte aber zu unmöglichen Zuständen und wurde deshalb abgeschafft. In den zahlreichen neu entstandenen Stellen im »bürgerlichen« Bereich (Verwaltung, Bildung, Wirtschaft) hatte es eine Kinderarbeit von Anfang an nicht gegeben.

Damit verlor die Familie die Funktion als Produktionseinheit. Sie wurde zur Konsumgemeinschaft eingeengt. Jetzt zählten die Kinder nicht mehr auf der Seite der Aktiva, wie in der alten Produktionsfamilie, sondern auf der Seite der Passiva: Sie kosteten Geld, brachten aber keines ein. Diese Änderung in der Funktion der Familie hatte eine logische Folge: Die Kinderzahl ging zurück. Natürlich folgte dieser Prozeß dem ersten, der Vermehrung der Familien, mit einer gewissen Latenzzeit. Mackenroth hat den ganzen Vorgang mit einer Scherenbewegung verglichen: Während zu Anfang Geburts- und Sterbeziffern etwa gleich hoch lagen, öffnete sich mit Beginn des Industriezeitalters die Schere, indem die Geburtenziffer hochschnellte, während die Sterblichkeit abnahm. Die Folge war eine rasche Bevölkerungsvermehrung. Erst später paßte sich das Fortpflanzungsverhalten an die neu entstandene Situation an. Die Geburtenziffern gingen zurück und näherten sich jetzt der Zahl der Verstorbenen. Die Schere schließt sich; die Vermehrung der Bevölkerung kommt zum Stillstand. Diesem Stadium haben sich die nordwesteuropäischen Bevölkerungen jetzt angenähert; wir in der Bundesrepublik haben es, wie wir sahen, ganz erreicht.

Wie gesagt, ein Gleichgewicht zwischen Geburten und Todesfällen besteht vor Öffnung wie nach Schließung der Schere. Nur wird es in beiden Fällen durch verschiedene Ursachen aufrechterhalten: Vor Öffnung der Schere erfolgte bei uns die Regulation durch die Zahl der vorhandenen Familienstellen. Unter primitiven Lebensverhältnissen ist es viel direkter das begrenzte Nahrungsaufkommen, auf dem im Grunde natürlich auch die Stellenzahl beruht. Nach Schließung der Schere erfolgt die Regulation dagegen durch Begrenzung der Fortpflanzung innerhalb der Familie, also praktisch durch Geburtenkontrolle mit Hilfe antikonzeptioneller Mittel. Dazu ist also eine bewußte Änderung des Verhaltens in Anpassung an die veränderten Umstände erforderlich.

Werden die Bevölkerungen der jetzigen Entwicklungsländer diese Anpassung in gleicher Weise leisten, wie die westeuropäische Bevölkerung in der Vergangenheit? Und wenn ja, wie rasch wird diese Anpassung erfolgen? Wird sie der großen Katastrophe zuvorkommen? Ich bin hier meiner Sache überhaupt nicht sicher. Zunächst einmal: Diese Anpassung bei uns war ein geschichtlicher Vorgang.

In der Geschichte aber sind Voraussagen aufgrund von Gesetzmäßigkeiten, wie wir sie von den Naturwissenschaften her kennen, grundsätzlich nicht möglich. Nun kann man aber sagen: Auch die Geschichte kennt Regeln, wonach die Menschen auf bestimmte Bedingungen oft in ähnlicher Weise reagieren.

Aber sind die Bedingungen jetzt in den Entwicklungsländern – denken wir doch ruhig wieder an unser Beispiel Indien – wirklich gleich denen in Europa nach der Industrialisierung? Beim genaueren Hinsehen fallen uns doch einige Unterschiede auf: So ist der primäre Einflußfaktor nicht die Industrialisierung, sondern viel stärker, als damals in Europa, der Rückgang der Sterblichkeit infolge der modernen Medizin. Sie traf weitgehend auf eine noch ganz im überkommenen Rahmen lebende Bevölkerung mit traditioneller Familienstruktur. Vor allem sind die ökonomischen Verhältnisse ganz andere: Auf dem Lande sind die Kinder immer noch die billigsten Arbeitskräfte, und für die ganze Bevölkerung dienen sie als fast allein wirksame Altersversicherung. All das macht es viel schwerer, die tradierten Verhaltensmuster zu überwinden. Andererseits aber kann das ganze Problem jetzt – im Gegensatz zum alten Europa – vernünftig durchschaut werden, und man kann aus bekannten Tatsachen die notwendigen Konsequenzen ziehen; das sollte dazu führen, die Umstellung im allgemeinen Bewußtsein zu erleichtern und zu beschleunigen. Zum Glück gibt es ein Land, in dem es gelungen ist, diese Umstellung nach dem Kriege in kurzer Zeit erfolgreich zu vollziehen. Das Land ist Japan. Für die Optimisten zeigt dieses Beispiel: Es geht prinzipiell – es ist nicht unmöglich. Pessimisten dagegen sagen: Die Bedingungen in Japan waren so exzeptionell, daß sein Erfolg für die Länder, auf die es jetzt vor allem ankommt, gar nichts besagt.

Beide Seiten – Optimisten wie Pessimisten – haben gute Argumente für sich. Es bleibt leider dabei: Man kann nichts einigermaßen sicheres voraussagen. Und was für uns noch schlimmer ist: Wir hier in der Bundesrepublik können auch direkt wenig dazu tun; denn bei uns hat sich ja die Geburtenziffer schon an die Sterblichkeitsziffer angeglichen, und ein weiteres Absinken ist eher unerwünscht.

Ich weiß, daß diese meine Meinung bei vielen meiner Kollegen auf vehementen Widerspruch stoßen wird; aber ich kann mir wirklich nichts davon versprechen, wenn wir bei uns die Zahl der Geburten noch weiter herabdrücken. Im Gegenteil – gerade die »Dritte Welt« braucht Hilfe, die wir mit unserem Industriepotential und unseren Fachkenntnissen – letztlich also mit unseren Menschen – bringen können.

Das Problem liegt jetzt ganz bei den Entwicklungsländern, in denen die Bevölkerung rasch zunimmt. Wir können nur hoffen, daß sie es überall in seiner ganzen Größe erkennen, und daß sie die noch bestehenden Hindernisse, an deren Lösung mit aller Kraft zu arbeiten, überwinden werden. Nur wenn der Wille dazu vorhanden ist, dann können wir Europäer, und speziell wir europäischen Wissenschaftler, dazu beitragen, mit bestehenden Schwierigkeiten etwas rascher fertig zu werden.

Hans Grümm

Wachstumsgrenzen des Energieverbrauchs

Die Historiker des kommenden Jahrtausends werden vermutlich versuchen, unsere Zeit auch global zu betrachten. Sie werden dabei die Veränderungen einiger Kenngrößen studieren, etwa die Bevölkerungszahl der Erde, den industriellen Umsatz an Materie, die Produktion von Energie und last not least die Produktion von Information. Sie werden feststellen, daß diese Kenngrößen in unseren Jahrzehnten in einer Entwicklung begriffen sind, die man, verglichen mit dem, was aus früheren Zeitläufen der Erde bekannt war, eher als Explosion bezeichnen kann. Viele Veränderungen in unserer Zeit erfolgen exponentiell, d. h., je größer eine Quantität ist, desto schneller wächst sie. Mit einem exponentiellen Wachstum hat z. B. ein Gärtner zu tun, der einen kreisförmigen Teich mit Wasserpflanzen schmücken will, von denen ihm bekannt ist, daß sie sich jeden Tag verdoppeln und daß in 30 Tagen der ganze Teich von ihnen bedeckt sein wird. Der Gärtner wollte dem Wachstum ein Ende setzen, wenn der halbe Teich mit Pflanzen bedeckt ist. Und als er überlegte, an welchem Tag er eingreifen müsse, fand er zu seinem Erstaunen: am 29. Tag!

Dieses kleine Beispiel macht klar, was exponentielles Wachstum heißt. Die Historiker des kommenden Jahrtausends werden vielleicht die Zeit, in der wir heute leben, als den 29. Tag bezeichnen. Wir leben nämlich in der Epoche, in der die Menschen inmitten überschäumenden Wachstums entdeckten, daß dieses Wachstum begrenzt und sein Ende abzusehen ist. Wir leben auf einer endlichen Erde, und je mehr wir diese Erde erschließen, beherrschen, mit unseren Produkten überschwemmen, um so deutlicher wird uns ihre Endlichkeit bewußt.

Es gibt eine Reihe von Versuchen, in die bedrohlich erscheinende Zukunft vorauszublicken und zu erkennen, wohin die gegenwärtige Entwicklung letzten Endes führen kann. Besonders bekanntgewordn ist das berühmte Forrester-Weltmodell, das verschiedene Kenngrößen unseres heutigen Lebens hochrechnet, indem es annimmt, daß z. B. Bevölkerungszahl, Industrieproduktion und Umweltverschmutzung mit den derzeitigen Wachstumsraten hemmungslos weiter expandieren. Als Folge davon nehmen die Vorräte, Mineralien, Rohstoffe usw. rasch ab. Die Verfolgung der Rechnung ins kommende Jahrtausend hinein zeigt, daß die Erschöpfung der Vorräte, das Nachhinken der Lebensmittelproduktion und die Zunahme der Verschmutzung letzten Endes zu einem katastrophalen Zusammenbruch, verbunden mit einer schnellen Abnahme der Bevölkerungszahl führen. Natürlich handelt es sich bei derartigen Weltuntergangsprognosen um Aussagen, gegen die man sehr kritische Einwände vorbringen könnte. Man kann aber nicht daran vorbeigehen, daß hier eine unüberhörbare Warnung ausgesprochen wird und mit Recht drastische Änderungen in unserer Verhaltensweise auf der Erde gefordert werden. Weitere Rechengänge mit dem »Weltmodell« zeigen in der Tat, daß es durchaus möglich sein dürfte, katastrophalen Entwicklungen zu entgehen, wenn die Menschheit bald darangeht, ihre Vermehrung zu drosseln, die Lebensmittelproduktion zu steigern, Industrieproduktion und Umweltverschmutzung in Grenzen zu halten und schließlich mit den Vorräten zu sparen.

Zu den entscheidenden unsere Welt charakterisierenden Kenngrößen zählt die Energieproduktion. Ihre Expansion ist ganz eng mit der Steigerung des Lebensstandards verbunden.

Dementsprechend wächst zur Zeit die Energieerzeugung exponentiell an, die Kohleproduktion mit 3,6 % pro Jahr, Erdöl und Gas mit fast 7 % und die Elektrizitätserzeugung verdoppelt sich gar alle zehn Jahre. Man kann sich auch hier die Frage stellen, wie lange es in dieser Weise weitergehen kann und wird. Alle Prognosen zeigen nun, daß der Energiezuwachs auf einige Sicht keine Abschwächung zeigen wird. Die Gründe liegen darin, daß die Energieproduktion pro Kopf der Bevölkerung in den USA noch immer weiterwächst. Die reichen Industrieländer eifern dem amerikanischen Beispiel nach, und Milliarden Menschen in den armen Ländern werden versuchen, wenn es nicht anders geht, mit Gewalt, sich dem Lebensstandard der reichen anzunähern. Die Steigerung des Pro-Kopf-Verbrauchs multipliziert sich mit der wachsenden Zahl der Köpfe, und das Energiewachstum wird so zu einer quasi naturgesetzlichen Gewalt.

Dafür gibt es aber noch weitere Gründe. Auch wenn wir eine Umstellung in der Güterproduktion vornehmen, zu weniger und zu dauerhafteren Gütern übergehen, die Materialverschwendung einschränken, den Umwelteffekten größere Beachtung schenken sollten: zu alledem braucht man Energie. Jede Wasserreinigungsanlage, jedes Ventilationssystem, jede Anlage zur Wiedergewinnung von Rohstoffen braucht letzten Endes Energie.

Es ist also zu vermuten, daß in Zukunft zur Überwindung verschiedener Engpässe der Menschheitsentwicklung große Energiemengen gebraucht werden, vor allem Elektroenergie als der rationellsten und im Verbrauch saubersten Energieform. Damit stellt sich die Frage, wie lange das Energiewachstum weitergehen kann, worin die Konsequenzen dieses Wachstums bestehen und wo die Grenzen liegen. Dabei spielen zwei Probleme eine entscheidende Rolle. Das erste ist die Frage nach der Möglichkeit, den Bedarf aus den in der Natur gegebenen Quellen zu decken, das zweite ist die Frage nach den begleitenden Umwelteffekten.

Zunächst die Frage nach den Energiequellen der Menschheit. Fast die gesamte Energie, die alles Leben auf der Erde speist, kommt aus dem Weltenraum in Form von kurzwelliger Strahlung, mit der unvorstellbaren Leistung von 178 000 Milliarden Kilowatt. Etwa ein Drittel davon wird bereits in den höheren Luftschichten der Erde wieder in den Weltenraum reflektiert. Ein weiteres Drittel erreicht die Erdoberfläche und wird in langwelliger Form wieder abgestrahlt. Fast ein Viertel der Sonnenstrahlung ist damit beschäftigt, das Wasser aus den Ozeanen zu verdunsten und hochzuheben. Leider ist von den gewaltigen beim Herunterstürzen und Abfließen freiwerdenden Energien nur ein außerordentlich kleiner Teil nutzbar. Die Wasserkräfte werden daher wenig zur Bedarfsdeckung beitragen können. Gegenwärtig decken sie etwa 2,5 Prozent der Energieproduktion, und dieser Anteil ist ständig im Abnehmen begriffen. Ein gewisser Teil der Strahlungsenergie geht in die Erwärmung der Luft, setzt Winde und Wellen in Bewegung. Für die menschliche Zivilisation ist zur Zeit ein winziger Bruchteil der von der Sonne zugestrahlten Energie wichtig, der auf dem Wege der Photosynthese von den Pflanzen aufgenommen wird. Davon zweigt die Natur einen kleinen Teil ab, der im Laufe der Zeit in fossile Brennstoffe umgewandelt wird. Während etwa 700 Millionen Jahren ist dieser Energiespeicher gefüllt worden, von dem wir heutzutage unser ganzes industrielles Dasein fristen, durch Verbrennungsprozesse, die eine Leistung von etwa 6 Milliarden Kilowatt haben.

Die menschliche Energieproduktion aus fossilen Brennstoffen ist also ungemein bescheiden, verglichen mit der gigantischen Zustrahlung von der Sonne. Die aufgezählten Energiequellen beruhen letzten Endes alle auf Fusionsenergie (Kernverschmelzungsenergie), die in der Sonne freigesetzt wird. Der Erde wurden aber auch bei der Entstehung des Erdballs Energievorräte mitgegeben, die unter Umständen nutzbar sein können. Hierher gehören die Energie der Gezeiten, die Wärme des Erdinnern und schließlich die Kernenergierohstoffe, wie Uran, Thorium, Schwerwasser und Lithium.

Eine Durchsicht aller aufgezählten Energiequellen zeigt, daß die Wasserkräfte, wie gesagt, sehr beschränkt sind. Gezeitenkraftwerke sind an wenige günstige Küstenstandorte gebunden und könnten nur einen winzigen Bruchteil des Energiebedarfs decken. Die Erdwärme ist mehr eine Kuriosität; sie reicht nur zur Nutzung in einigen kleinen Kraftwerken, etwa in Italien oder auf Island. Die Nutzung des Sonnenlichts im Großmaßstab ist technisch, vor allem aber wirtschaftlich noch nicht ausgereift. Auf die Kernenergie werden wir noch zu sprechen kommen.

Im wesentlichen sind wir zunächst auf die fossilen Brennstoffe wie Kohle, Erdöl und Erdgas angewiesen. Wie lange werden deren Vorräte reichen? Wenn man dem ständig wachsenden Energiebedarf die als gesichert geltenden fossilen Brennstoffvorräte gegenüberstellt, zeigt sich, daß in absehbarer Zeit mit einer Erschöpfung der Erdölvorräte und später auch der Kohle zu rechnen ist. Die ersten Anzeichen dieser Erschöpfung sind bereits zu erkennen: Zunehmende Schwierigkeiten bei der Förderung, Anziehen der Preise, politischer Druck der Öl besitzenden Entwicklungsländer auf die reichen Verbraucherländer usw. Wenn wir ausschließlich auf die fossilen Brennstoffe angewiesen wären, müßte das weitere Anwachsen der Erdbevölkerung dazu führen, daß der Pro-Kopf-Verbrauch an Energie im Laufe der Zeit zurückgeht und daß die Menschheit vielleicht in 100 Jahren energetisch auf eine Situation zurückgeworfen wird, wie sie etwa in der Postkutschenzeit geherrscht hat.

Ein derartiger zivilisatorischer Rückfall ist fast undenkbar. Er würde von schwersten gesellschaftlichen Erschütterungen begleitet sein, da keine Nation oder Gruppe gewillt sein wird, ihren Standard drastisch zu senken. Wenn wir also nur auf die fossilen Brennstoffvorräte als Energiequelle angewiesen sein würden, wäre eine katastrophale Phase der gesellschaftlichen Entwicklung zu erwarten.

Wie steht es nun mit der Kernenergie? Es ist bekannt, daß die Kernkräfte im Verhältnis von etwa 1 : 1 000 000 zu den chemischen Bindungskräften stehen, die z. B. für die Kohleverbrennung maßgebend sind. Mit der Entdeckung der Kernspaltung wurden dementsprechend gewaltige Energievorräte erschlossen. Die Wissenschaft hat vermutlich gerade zur rechten Zeit, zu dem Zeitpunkt, da sich die Grenzen der fossilen Brennstoffvorräte abzuzeichnen beginnen, eine neue Energiequelle erschlossen, die eine echte Alternative bietet. Die gegenwärtig gesicherten billigen Uranvorräte reichen bei der heutigen Kernreaktortechnik allerdings nur für einige Jahrzehnte. Die Kosten des Kernbrennstoffs machen aber nur einen relativ kleinen Anteil der Erzeugungskosten des Atomstroms aus. Das eröffnet die Möglichkeit, zunehmend auf teurere Uranerze auszuweichen. Deren Menge ist außerordentlich groß. Ein Beispiel von vielen soll das zeigen. In den USA gibt es ein Stratum, das in bodennahen Schichten bis zu 750 Gramm Uran pro Quadratmeter Bodenfläche enthält und das über einige Bundesstaaten hinweg reicht. Ein Quadrat von 70 × 70 km Kantenlänge dieses Gebiets repräsentiert den gleichen Energievorrat wie die gesamten fossilen Vorräte der Erde. In den Ozeanen der Erde finden sich über 4 Milliarden Tonnen Uran. Die Kernenergievorräte sind daher in menschlichen Perspektiven gesehen praktisch unbegrenzt.

Die teureren Kernbrennstoffvorräte können besonders vorteilhaft mit dem Brutreaktor erschlossen werden, der das Uran wesentlich tiefer ausbrennt als die heutigen Reaktoren. Allein die Einführung des Brutreaktors wird die Kernenergievorräte, die der Menschheit zur Verfügung stehen, etwa vervierzigfachen, weil alles das, was heute an ausgebranntem Uran auf die Halde geht, fast vollständig abgebrannt werden kann. Der Brutreaktor ist technisch möglich, und er wird zur rechten Zeit zur Verfügung stehen, nämlich dann, wenn die Uranpreise anzuziehen beginnen: vielleicht in den 80er, vielleicht in den 90er Jahren dieses Jahrhunderts. Die Vorbereitungen dazu laufen auf vollen Touren. Nach dem Einsatz der Brutreaktoren wird vielleicht die Ausnützung der Kernverschmelzung, die auch Kernfusion genannt wird, kommen. Die Laboratoriumsversuche dazu laufen erfolgversprechend, aber die technische und vor allem wirtschaftliche Einführung dieser neuen Energiequelle ist nicht mehr vor dem Jahre 2000 zu erwarten. Der Anreiz zu dieser Entwicklung ist aber sehr groß, da uns in Form von Milliarden Tonnen an Schwerwasser in den Ozeanen eine praktisch unerschöpfliche Energiequelle zur Verfügung steht.

Zusammenfassend kann man sagen, daß zwar die Erschöpfung der fossilen Brennstoffvorräte in Sicht ist, daß uns aber die Kernenergie über Jahrtausende der Sorge um Energievorräte enthebt. Anders sieht es aber mit den Nebenwirkungen der Energieerzeugung aus, mit ihren Umwelteffekten. Beginnen wir mit den Verbrennungsprozessen als dem heute entscheidenden Energieproduktionsvorgang und versuchen wir, uns die Nebeneffekte zu verdeutlichen.

Ich möchte hier allerdings nicht auf die allgemein bekannten Rückwirkungen der Verbrennung auf unsere Umwelt eingehen, wie Ausstoß von Schwefeloxyd, Stickoxyden, Staub, Ruß usw. aus den Kraftwerksschloten. Diese Umwelteffekte können wir mit unseren Augen und Nasen leicht feststellen. Weniger auffällig ist die mit der Verbrennung unvermeidlich verbundene massenhafte Produktion von Kohlendioxyd. Die Menschheit hat seit Beginn des industriellen Zeitalters etwa 200 Milliarden Tonnen Kohlendioxyd produziert. Wir verbrennen gegenwärtig pro Jahr rund 5 Milliarden Tonnen Kohlenstoff in den verschiedensten Formen, und es fragt sich, welche Wirkungen dadurch in unserer Umwelt hervorgerufen werden. Die Messungen zeigen, daß der Kohlendioxyd-Gehalt in der Atmosphäre im letzten Jahrhundert um 7 % zugenommen hat, und für das Jahr 2000 ist eine Steigerung um 27 % gegenüber dem vorindustriellen Zeitalter zu erwarten.

Was sind nun die Folgen? Sie sind nicht genau bekannt und lassen sich nur vermuten. Es gibt einerseits den sogenannten Treibhauseffekt: eine Vermehrung des Kohlendioxyd-Gehaltes der Atmosphäre führt dazu, daß die von der Erde reflektierte langwellige Strahlung stärker zurückgehalten wird. Das bedeutet in der Tendenz eine Erhöhung der mittleren Jahrestemperaturen der Erde, also wärmeres Klima. Es ist heutzutage modern, Katastrophen zu prognostizieren und sich durch Erzeugung von Angst interessant zu machen. In diesem unsachlichen Stil müßte man das Abschmelzen der Eiskappen der Erde, das Verschwinden des Grönlandeises und der Gletscher voraussagen und damit eine Erhöhung des Pegels der Ozeane um über 100 m. Damit verschwänden zahlreiche Hauptstädte der Erde unter dem Meeresspiegel.

Nun, so dramatisch wird es wohl nicht kommen, denn die Menschheit sorgt für einen gegenläufigen Effekt. »Glücklicherweise« müßte man von diesem Standpunkt aus sagen, verstauben wir die Atmosphäre. Diese Verstaubung führt zu einer stärkeren Reflexion des Sonnenlichtes und damit zur Abkühlung der Atmosphäre, und je nach dem Ausmaß der zu erwartenden Verstaubung wird die Abkühlung ausfallen. Für den Grenzfall, für besonders starke Verstaubung könnte man, wenn man sich interessant machen will, eine neue Eiszeit prognostizieren. Es ist natürlich sehr schwer zu sagen, was tatsächlich kommen wird. Wir müssen uns aber darüber im klaren sein, daß wir mit unserer heutigen Form der Energieerzeugung irgendwo an einer Schraube der Wärmebilanz unserer Atmosphäre drehen, und daß hier unter Umständen Kippeffekte auftreten können, von deren Auswirkungen wir uns kaum Vorstellungen machen können.

Nun zur Kernenergie. Ich habe bereits bei der Diskussion der Energiequellen und Energievorräte darauf hingewiesen, daß die Kernenergie gerade zur rechten Zeit entdeckt worden ist, um uns der langfristigen Sorgen über Energiequellen zu entheben, und ich möchte nun zeigen, daß die Kernenergie auf der anderen Seite auch imstande ist, uns beim Kampf gegen unerwünschte Umwelteffekte unserer industriellen Tätigkeit zu helfen, da sie eine Energieform mit minimalen Umwelteffekten darstellt. Dies beruht auf der ganz trivialen Tatsache, daß die Kernspaltung nicht von Sauerstoffverbrauch und Kohlendioxyd-Produktion begleitet ist und daß sie im Prinzip nicht unbedingt mit der Atmosphäre zu kommunizieren braucht. Das Kernforschungszentrum Jülich z. B. hat diesen Sachverhalt in einer sehr interessanten Studie näher untersucht. Dabei zeigte es sich, daß durch verstärkten Einsatz der Kernenergie und einige begleitende Maßnahmen die Verschmutzung der Luft über der BRD durch Schwefeloxyde, Stickoxyde, Kohlenoxyde, Kohlenwasserstoffe, Staub, Ruß und Teer ganz erheblich herabgesetzt werden kann. Es besteht also tatsächlich eine Möglichkeit, durch den Einsatz der Kernenergie von der Seite der Energieproduktion her, für die Umwelt einiges zu tun.

Natürlich stellt sich die große Frage nach den mit dem Betrieb von Kernkraftwerken verbundenen Gefahren der Radioaktivität. Gerade am Beispiel der Radioaktivität zeigt sich, daß die unsachliche, hysterische Behandlung von einzelnen Umweltfragen die Gefahr mit sich bringt, daß die fehlorientierte Öffentlichkeit Alternativen bekämpft, die zur Lösung der Umweltprobleme beitragen könnten. Das Problem der Radioaktivität in der Umgebung von Kernkraftwerken kann nur dann sachlich eingeschätzt werden, wenn man diese künstliche Umweltbelastung mit der von Natur aus ohne Kernkraftwerke bestehenden vergleicht. Die Lebewesen auf der Erde sind seit Jahrmillionen von Natur aus in ein Strahlungsmeer eingebettet und tragen Strahlung in ihrem Körper. Im menschlichen Körper findet sich Kalium 40, und es gehen von Natur aus im Körper in der Minute etwa eine halbe Million radioaktiver Zerfallakte vor sich. In der Atmosphäre bilden sich durch Strahlung aus dem Weltenraum Tritium und Kohlenstoff 14. Hinzu kommt Strahlung aus dem Boden. Ihre Stärke hängt davon ab, ob es sich um Sedimentgestein oder Granit handelt. Zur natürlichen Strahlung kommt die zivilisatorische: aus Resten von Kernwaffentests, von der Röntgendiagnostik, aus den Baumaterialien unserer Häuser, aus Uhrzifferblättern usw. Die natürliche Strahlung belastet die Einwohner der BRD mit etwa 125 mrem/Jahr; in Küstengebieten kann sie niedrige Werte um 70, in manchen als Erholungsgebiet bevorzugten bergigen Lagen enorme Werte gegen 800 mrem pro Jahr erreichen. Man kann also allein durch die Änderung des Wohnortes in der Bundesrepublik die Strahlenbelastung des Körpers vervielfachen. Es unterliegt keinem Zweifel, daß alle diese Strahlungseinwirkungen gesundheitliche Belastungen darstellen. Die Menschheit als Ganzes ist aber seit ihrem Ursprung an das natürliche Niveau angepaßt. Entscheidend ist, daß die hinzukommenden zivilisatorischen Belastungen im Rahmen der natürlichen Schwankungen bleiben. Dieser Forderung entsprechen Kernkraftwerke bei weitem. Sie belasten die Bevölkerung in der Umgebung mit Dosen von etwa einem mrem/Jahr und darunter. Dieser Wert liegt weit unter der natürlichen Belastung. Atomgegner, die es ehrlich meinen, müßten ihre Aktionen gegen Kernkraftwerke einstellen und die Aussiedlung ganzer Landstriche fordern, in denen eine hohe natürliche Strahlenbelastung herrscht.

Um die künstlich genährte Atomangst weiter zu charakterisieren, sei berichtet, daß in den Vereinigten Staaten die Strahlung in der Umgebung eines großen Kernkraftwerkes mit der in der Umgebung eines Kohlenkraftwerkes verglichen und dabei festgestellt wurde, daß die Radioaktivitätsbelastung in der Umgebung des Kohlenkraftwerkes 400mal größer war als die in der Umgebung des Kernkraftwerkes. Verschiedene Kohlensorten enthalten Spuren von Uran. Damit ist die Entstehung von Radium 226 verbunden, das mit der Flugasche abgegeben wird. Krypton 85, das die Reaktoren ausstoßen, ist ein Edelgas, das mit dem nächsten Atemzug wieder ausgeatmet wird. Radium 226 ist dagegen ein Knochensucher und bleibt jahrelang im Körper. Daraus erklären sich die erstaunlichen Vergleichszahlen Atom: Kohle. Natürlich ist radiologisch gesehen auch die Belastung durch das Kohlenkraftwerk völlig belanglos, weil sie in der natürlichen Strahlenbelastung untergeht.

Atom eignet sich, wie eine weltweite Kampagne kleiner, sehr aktiver Gruppen zeigt, ganz ausgezeichnet als Teufel des 20. Jahrhunderts. Es steht unter dem Kainszeichen der Atombombe. Die Atomenergie hat aber mit der Atombombe genausoviel und genausowenig zu tun wie die Elektrizität mit dem elektrischen Stuhl. Es kommt auf den Gebrauch an, den der Mensch von seinen Errungenschaften macht.

Man könnte nun sagen, daß zwar der Normalbetrieb von Kernkraftwerken toleriert werden könne, daß aber die Gefahr großer Unfälle drohe. Dagegen spricht die Erfahrung mit 152 Kernkraftwerken, die in 17 Ländern in Betrieb stehen und mit den Erfahrungen der Nuklearindustrie in der in diesen Ländern einige hunderttausend Beschäftigte tätig sind. Die Statistik zeigt, daß die Zahl der Todesopfer pro Million Menschen und Jahr durch natürliche

Krankheiten 10 000 beträgt. Dem stehen 3 Opfer bei fossil gefeuerten Kraftwerken, einer durch Naturkatastrophen und nur 0,1 in der Kerntechnik gegenüber. Zu den für Risikofragen besonders kompetenten Instanzen zählen verständlicherweise die Versicherungsgesellschaften. Die beiden Versicherungspools, bei denen sämtliche amerikanischen Kernkraftwerke versichert sind, haben bisher noch für keinen einzigen Schadensfall in der Bevölkerung aufkommen müssen, und sie haben dementsprechend die Prämien für Nuklearrisiken bereits einige Male herabgesetzt. Die Frage nach der Sicherheit der in der Umgebung eines Kernkraftwerkes lebenden Menschen kann also für die Vergangenheit positiv beantwortet werden. Man kann aber mit gutem Grund annehmen, daß die Sicherheitsbilanz auch in Zukunft positiv bleiben wird, da sie nicht auf dem Zufall beruht, sondern auf bewußt eingesetzter Technik.

Ein Umweltproblem wurde allerdings bisher noch nicht besprochen, das aufgrund von Naturgesetzen unvermeidlich mit aller menschlicher Energieproduktion verbunden ist, die Beseitigung der Abwärme. Das Problem der Abwärme stellt sich natürlich nicht nur bei Kernkraftwerken, sondern bei allen kalorischen Anlagen. Es ist allerdings bei den heutigen Leichtwasserreaktoren etwas stärker akzentuiert. Charakteristische Zahlen für die Abwärmerate in kcal/kWh sind z. B. für Kohlekraftwerke 1450, für Kernkraftwerke 1750, für Gasturbinen 3200 und für Automotoren sogar 9200.

Es ist zu erwarten, daß in späteren Phasen der Entwicklung Reaktoranlagen mit höherem thermischen Wirkungsgrad zum Zug kommen werden, doch ändert das praktisch nichts am globalen Abwarmeproblem, das sich mit oder ohne Kernenergie stellt. Wir können leider dem zweiten Hauptsatz der Thermodynamik nicht entrinnen. Alles Leben auf der Erde und alle unsere zivilisatorische Tätigkeit ist im Lichte des zweiten Hauptsatzes nur der ohnmächtige Versuch, sehr unwahrscheinliche, lokal und zeitlich begrenzte Gebilde und Systeme wie Organismen, Maschinen, Städte usw. durch Energiekonzentration hervorzubringen. Dafür muß mit einer Verstärkung des Temperaturausgleichs, mit vermehrter Energieabgabe im langwelligen Bereich in den Weltenraum, bezahlt werden.

Könnte die Abwärme über die gesamte Erdoberfläche gleichmäßig verteilt abgegeben werden, so würde sie gegenüber der ungeheuren Energieeinstrahlung und Rückstrahlung nicht ins Gewicht fallen. Das Abwärmeproblem entspringt der Tatsache, daß die effektivsten Möglichkeiten des Abtransports auf die im Vergleich zur Erdoberfläche verschwindend kleinen Flächen der kalten, abfließenden Gewässer konzentriert sind.

Um das Ausmaß der hier liegenden Probleme zu illustrieren, sei eine Hochrechnung wiedergegeben, die davon ausgeht, daß die Verbrauchszuwachsrate in den USA anhält und keine wesentliche allgemeine Verbesserung des thermischen Wirkungsgrades erreicht werden kann. Es würde dann die im Jahre 2000 anfallende Abwärme, wenn man sie zur Gänze durch Frischwasserkühlung abführen müßte, ausreichen, das gesamte Wasservolumen, das jährlich von der Oberfläche der USA abfließt, um 20°C aufzuwärmen.

Der Kühlwasserbedarf kann natürlich unter erhöhten Kosten durch Wärmeabgabe an die Luft, durch Kühltürme usw. drastisch gesenkt werden, doch wird er trotzdem so schnell wachsen, daß sich daraus für hochindustrialisierte Länder mit großer Bevölkerungsdichte sehr bald schwer lösbare Probleme ergeben werden. Auf der anderen Seite zeichnen sich bereits Möglichkeiten der nutzbringenden Abwärmeverwertung ab, wie Raumheizung, Abwasserklärung, Aquakultur, Frostschutz und Bewässerung im Ackerbau sowie Beheizung von Gewächshäusern. Auf alle Fälle werden wir, wenn wir Energie haben wollen, der Abwärme wegen zumindest eine ästhetische Beeinträchtigung der Umwelt in Kauf nehmen müssen: monströse Kühltürme von 150 m Höhe, als Kathedralen des späten 20. Jahrhunderts. Es gibt allerdings bereits Anzeichen dafür, daß auch Kühltürme nicht problemlos sind, da sie in großer Zahl möglicherweise Auswirkungen auf das örtliche Klima haben können.

Ich möchte zusammenfassen: die Menschheit steht vor schwierigen Problemen, die durch ungehemmtes Wachstum in allen Lebensbereichen der Gesellschaft ausgelöst werden. Die Lösung dieser Probleme erfordert ein grundlegendes Umdenken, das Beschreiten neuer Wege in der Produktion, in der Energieerzeugung, letztlich in unseren Wertvorstellungen. Entscheidend ist, daß das Wachstum der Erdbevölkerung wohl weitergeht, weil alle anderen Probleme davon herrühren. Die Energieerzeugung wird voraussichtlich noch lange Zeit rasch weiterwachsen, weil man sie zur Bewältigung der kommenden lebenswichtigen Aufgaben braucht. Bezüglich der Energievorräte brauchen wir keine Sorge zu haben, da die Kernenergie-Rohstoffvorräte der Erde auf lange Sicht reichen. Bezüglich der Umwelteffekte stellt die Kernenergie im Gegensatz zu den herkömmlichen Verbrennungsprozessen eine Möglichkeit dar, Energie umweltschonend zu produzieren. Als entscheidender Engpaß stellt sich aus der heutigen Sicht die Beseitigung der Abwärme. Kühltürme bieten sich zur Zeit als Lösung, es fragt sich aber, wie lange man damit auskommt. Es ist möglich, daß neue technische Lösungen weiterführen, es kann aber auch sein, daß die Abwärme der Energieexpansion eines Tages eine harte Grenze setzen wird.

Frederic Vester

Der Kreislauf als Modell des Überlebens[1]

Bei allen Betrachtungen der starken Bevölkerungszunahme auf der Welt – daß wir in den Industrieländern nur eine etwa 1%ige Zuwachsrate haben, ändert nichts an ihrem exponentiellem Charakter –, bei alledem gibt es einen wichtigen Faktor, der in die Rechnung eingeht und den relativ geringen Bevölkerungszuwachs gerade der Industrieländer so bedeutsam werden läßt. Er ergibt sich aus der Beachtung der materiellen und räumlichen Pro-Kopf-Ansprüche: In einem Industrieland kommt jeder Neugeborene mit einem Konsumanspruch auf die Welt, der selbst den von 20 Neugeborenen eines tropischen Agrarlandes noch übertrifft. Der Energieanspruch beträgt sogar das 40fache und wird in 10 Jahren wahrscheinlich schon das 80fache betragen.

Das gilt aber nicht nur für die Ansprüche an die begrenzten irdischen Rohstoffe und den begrenzten irdischen Raum, sondern auch für das begrenzte Aufnahmevermögen der Erde für Abfallstoffe und Zivilisationsgifte. Hierzu ein paar Zahlen: Während in den USA in den letzten 25 Jahren, also seit dem 2. Weltkrieg, die Zahl der Einwohner um knapp 50 % zugenommen hat, ist die Belastung der Umwelt in dieser Zeit um das Siebenfache angestiegen, also um den 14fachen Wert. Wie es dazu kommt, kann man schon aus ein paar Produktionszahlen ablesen. So stieg in der gleichen Zeit, in der die Bevölkerung nur knapp um die Hälfte zunahm, die Produktion von Pestiziden um 400 %, von Elektrizität um 530 %, von Aluminium um 700 %, von organischen Chemikalien um 1000 %, von Kunststoffen um 2000 %, von Quecksilber zur Chlorherstellung um 4000 %, von Kunstfasern um 6000 % und von Einwegflaschen gar um 53 000 %.

So wird gerade in den Industrieländern mit jedem Anwachsen der Bevölkerung, trotz der relativ niedrigen Wachstumsrate, nichts mehr verbessert, vieles aber verschlechtert, wenn wir bestimmte Ansprüche nicht drastisch reduzieren.

Mit diesem Leitgedanken berühre ich natürlich eng die Resultate der bisher umfassendsten mathematischen Systemanalyse, die durch das Buch von Meadows ›Grenzen des Wachstums‹ der Öffentlichkeit bekannt geworden sind. Als Resultat lieferte es ja mehrere mögliche Zukunftsperspektiven, die die Vermeidung einer weltweiten Katastrophe nur noch bei Stopp der Bevölkerungsrate *und* eines weiteren industriellen Wachstums erkennen lassen. Es ist erstaunlich, wie falsch die Aussage dieser Studie allgemein verstanden wird. Verzicht auf Wachstum, Verzicht auf Konsumgüterproduktion heißt doch beileibe nicht Verzicht auf Profit oder Verzicht auf Stabilität. Nur durch den völligen Phantasiemangel der auf ihr Wachstumsethos eingeschworenen Apparatschiks unserer Wirtschaft konnte dieser Appell, der letztlich zu ihrer eigenen Rettung dient, so gründlich mißverstanden werden. Gewiß, diese Studien sind unvollkommen und berücksichtigen nicht so wichtige Parameter wie die soziopsychologische Weiterentwicklung oder die Entstehung ganz neuer Technologien. Aber die Endlichkeit der Erde, die Begrenztheit der Biosphäre und ihrer Rohstoffquellen sind nun einmal Tatsache. Und sobald unsere Industriegesellschaft den ganzen Globus umspannt, wird diese Tatsache zu einem Problem. Ein Problem, welches man lösen kann. Und die Studie zum Wachstumsstopp wie auch eine ganze Reihe ähnlicher Untersuchungen, die zum Teil von weitsichtigen Industriefirmen finanziert wurden, zeigten vor allem, was wir angesichts der damit verbundenen Planungsaufgaben immer noch falsch machen. Und weiter, daß dies, wie so oft, nicht in erklärbaren Fakten wurzelt, sondern in irrationalen Denkschablonen, die einem Fetisch aufgesessen sind: unserer in Ost und West einmütig vorherrschenden Wachstumsfaszination. Sie drückt sich darin aus, daß wachsende Produktion, wachsende Geschwindigkeit, wachsende Information einfach als erstrebenswert zu gelten haben. Mehr ist besser als wenig, groß ist besser als klein, haben ist besser als nicht haben. Das scheinen Apriori-Forderungen zu sein, die nie jemand begründet hat und deren Beweise nirgends zu finden sind. Es gibt sie nicht. Mehr, schneller, größer, sind von Natur aus wertfrei und deshalb mal gut und mal schlecht. Doch wir haben ihnen eine Qualität angedichtet, ein Wertmaß, das ihnen gar nicht zukommt.

Wie weit die Öffentlichkeit von einer Einsicht in diese Zusammenhänge noch entfernt ist, zeigen die schon grotesken Subventionen an Produktionszweige, deren Produktionszuwachs sich bereits selbst ad adsurdum geführt hat. Es sei nur an die bereits klassischen Beispiele aus der Landwirtschaft des Jahres 1968 erinnert, wo z. B. fast 20 Millionen DM für die Subvention von Chesterkäse oder gar 412 Millionen DM für die Unterstützung der Magermilchproduktion ausgegeben wurden, wo gleicherweise Millionen-Zuwendungen für die Beschaffung von Mineraldünger zur Erzielung von Höchsterträgen ausbezahlt wurden, schließlich sogar Prämien für die Vernichtung überschüssiger Ernten zur Aufrechterhaltung der Preise. Zeitweise beträgt der Anteil der Gesamtzuwendungen an die Landwirtschaft, der lediglich zur Bewältigung der Überschüsse dient, 80 %. Kurzum: trotz aufkommenden Umweltbewußtseins ist man bisher eher geneigt, die Mehrproduktion einzustampfen als auf Produktionssteigerung zu verzichten und damit etwa dem Wachstumsfetisch abzuschwören.

Doch was könnte unser so tief eingewurzeltes Wachstumsethos ablösen? Nun, hier gibt es durchaus eine Alternative, die uns die Kybernetik liefert, die Wissenschaft von der Funktion der Regelkreise. Es ist dies eine Denkweise, aber auch Handlungsweise und Technologie, die der linear-kausalen Fortbewegungsmechanik, in der ja unser Wachstumsethos wurzelt, diametral gegenübersteht. Es ist die Alternative, nach der sich ein biologischer Organismus richtet, der sich ja eben nicht in ungehemmtem Wachstum, sondern in seiner Selbstregulation, in Kreisprozessen oder Recycling, in negativer Rückkoppelung und Fließgleichgewichten entwickelt und vervollkommnet. Man sagt, der biologische Stoffwechsel ist zyklisch, der Kulturstoffwechsel ist linear: Er geht nur in eine Richtung.

Damit entspricht unsere Alternative, unser Denken und Handeln in Regelkreisen, demjenigen Grundprinzip, welches auf der einen Seite das Funktionieren des gesamten irdischen Lebens seit einigen Milliarden Jahren ermöglicht hat, also eine ganz hübsche Garantiezeit aufzuweisen hat, welches aber auf der anderen Seite in der uns umgebenden Natur durch seine immer häufigere Mißachtung und durch unser Eindringen dorthin, wo es bisher funktionierte, zunehmend zerstört wird und uns somit vor fast unüberwindliche finanzielle und organisatorische Schwierigkeiten stellt. Die intensive biologische Forschung der letzten 50 Jahre hat gezeigt, daß dieses Regelkreisprinzip nicht etwa lediglich eine Idee oder Auffassungssache ist, sondern daß es konkrete, materielle Wirklichkeit ist, und daß es bei seinem Funktionieren und auch bei seinem Zusammenbrechen beobachtet und studiert werden kann: angefangen von großen Ökosystemen, wie einer Flußlandschaft, bis hinunter in den Mikrobereich einer einzelnen Körperzelle.

Was wir kaum wissen, eben weil wir diese Regelkreise zwar als interessante Studienobjekte aus der Natur kennen, sie aber in unserer Fachblindheit keineswegs als lohnende Vorbilder für Wirtschafts- oder Organisationsprinzipien unserer Zivilisation ernstnahmen, ist, daß die uns so freiheitlich erscheinende, lineare, d. h. eindimensionale Fortschreibung bestehender Systeme und ihr stupides Wachstum uns viel mehr Zwängen unterwirft als der Einsatz kybernetischer Prinzipien, von deren ungeheuer rationeller Ökonomie wir noch kaum profitieren. Statt daß wir z. B. weitgehend die uns angebotenen Symbiosen in unserer Umwelt, also sich gegenseitig unterstützende Vorgänge zwischen verschiedenen Lebewesen und Systemen fördern und ganz egoistisch nutzen, zwingt uns das wachstumsorientierte System dazu, diese Hilfen zu ignorieren und zu zerstören. Das betrifft die Symbiose zwischen den Mikroorganismen des Ackerbodens und der Pflanze ebenso wie die Nutzung der ungeheuren Selbstreinigungskraft unserer Flüsse und Seen. Sobald der Boden entvitalisiert ist, sobald die Gewässer umgekippt sind, müssen wir die bisher uns kostenlos geleistete Arbeit nun auch noch mitübernehmen, riesige Düngermengen zuführen oder neue Kläranlagen bauen. Ich könnte mir denken, daß diejenigen Industrien und Wirtschaftsunternehmen, die sich frühzeitig das Denken in Regelkreisen angewöhnen und damit von deren Wechselwirkungen profitieren – z. B. für neue Recycling-Prozesse oder für ein allmähliches Umsteigen auf langlebige Güter, auf weniger Produktion und dafür erhöhte Dienstleistung, auf Organisations- und Kommunikationsgeschäfte –, also frühzeitig dieses Denken bei ihrer Firmenpolitik berücksichtigen, daß diese Unternehmer das Rennen machen, d. h. am ehesten überleben werden. Das bewußte Absuchen der Natur nach erprobten Vorbildern, die sogenannte Bionik, ist ja inzwischen zu einem eigenen Wissenschaftszweig gediehen. Es würde sich lohnen, ihr auch in ihren Organisationsformen die größte Beachtung zu schenken.

Eines der rationellsten Prinzipien, nach denen lebende Organismen arbeiten, ist nun in der Tat das Recycling, also die Wiederverwendung der von ihnen benutzten und wieder abgegebenen Stoffe. So wird die Natur mit ihren eigenen Produkten dadurch fertig, daß sie nichts produziert, für das sie nicht auch ein Enzym, ein Ferment parat hätte, welches das Produkt wieder zersetzen und in einen Kreislauf zurückführen kann. Ein Vorgang, für den die Natur die gleiche Sorgfalt aufwendet wie für den der Produktion.

Die Industriegesellschaft ist noch nicht soweit, denn der Mensch vergaß über der Faszination des Produzierens, daß die Geschichte eine Fortsetzung hat.

Als Spiegel jener einseitigen technischen Gesamtentwicklung seien einfach einmal die wachsenden Produktionszahlen synthetischer Materialien genannt, mit denen wir uns umgeben und die wir – gerade weil sie so unbiologisch sind – zum Teil nicht mehr loswerden. Denn wir dachten ja nicht daran, sie so zu konstruieren, daß auch ihr Abbau gesichert ist.

Die Tendenz in Richtung einer immer künstlicheren Welt, ohne daß diese eine Symbiose mit der Biosphäre, in der sie ja lebt, eingehen kann, diese Tendenz kann man hier direkt ablesen. So stieg die Weltproduktion organischer Chemikalien, die in Wirklichkeit sehr unorganisch sind, von 7 Millionen Tonnen im Jahre 1950 auf 63 Millionen Tonnen 1970, und man erwartet, nach den Planungen des Marketing, schon bis 1985 eine weitere Steigerung auf 250 Millionen Tonnen. In *einer* Generation also eine Verdreißigfachung der jährlichen Produktion von umweltfremden Konsumstoffen, die sich zu einer Lawine aufstauen, weil ihnen der Rückweg versperrt ist. Produkte, die nicht in der Natur vorkommen und daher auch nicht in sie zurückfließen können.

Die Kunst, aus Abfällen Brauchbares zu machen, scheinen wir verlernt zu haben. Wir werden jedoch bald nicht mehr ohne sie auskommen. Nicht weil wir zu arm wären, Neues zu produzieren, sondern weil wir das alte ohne Schaden nicht mehr anders unterbringen. In China können wir zur Zeit sehr interessante Recycling-Verfahren beobachten, die aus einer vorausschauenden Politik für wirtschaftliche Kreisprozesse entstanden sind, den Ausführenden selbst weniger als umweltschonende, denn als Sparmaßnahme bewußt. Das Ganze beruht auf der Basis des von Mao Tse-tung wieder hervorgeholten alten chinesischen Drei-in-einem-Prinzip von Armut, Emsigkeit und Improvisation. Diese »Dreieinigkeit« führte dazu, daß zum Beispiel die staatliche Brauerei in Peking aus den festen, flüssigen und gasförmigen Abfällen der Bierproduktion mittlerweile über ein Dutzend Nebenprodukte von Elektronikbauteilen bis zu Arzneimitteln erzeugt. Ähnliches gilt für die Stahlindustrie in Wu han oder für die vielen hundert Haushaltsgemeinschaften z. B. im Chemiekombinat Kirin, wo von der Stahlschlacke bis zu den Abwässern die Abfälle in Form mehrerer hundert neuer Produkte wieder in den Produktionskreislauf eintreten.

Doch bei uns finden wir selbst in der Landwirtschaft, also in enger Nachbarschaft zu biologischen Ökosystemen heute alles andere als ein Recycling: Hier entwickelte sich eine äußerst unrationelle Trennung von Input und Output, die von der Sache her überhaupt nicht gerechtfertigt war, sondern nur wieder von diesem übertriebenen Aberglauben an das »Wachstum um jeden Preis«. Unter der Maxime der Produktionssteigerung der im Nahrungsanbau und der Fleischproduktion engagierten landwirtschaftlichen und anderen Industrien werden heute Höchsterträge erzielt, die uns im Grunde nur lästig sind. Denn sie werden durch die Ertragssteigerung pro Hektar, die allein für Getreide im letzten Jahrzehnt noch einmal 30 % betrug, keineswegs billiger, sondern geben innerhalb der EWG nur neue Absatzprobleme. Andererseits bedeutet dieses Auspeit schen der letzten Reserven durch die zunächst überhaupt nicht beachtete Wechselwirkung mit den anderen Umweltbereichen wie Boden, Wasser und Mikrowelt, die Entwicklung einer bedenklichen Spirale, aus der es kein Entrinnen zu geben scheint.

Die Trennung in Monokultur einerseits und Massentierhaltung andererseits führte zur Unterbrechung eines Kreisprozesses von Abfall, Düngung, Pflanzenwachstum, Tierfutter, Abfall und wieder Düngung, die gleichzeitig großartige Symbiosen zum Erliegen brachte, weshalb Riesenüberschüsse an Mineraldünger künstlich zugefügt und allein in der BRD ein jährlicher Betrag von 400 Millionen DM für Pestizide ausgegeben werden muß, um die anfällig gewordenen Pflanzen zu schützen. Die Abfälle aus den Massentierhaltungen, die Salz- und Giftausschwemmungen aus den Feldern, tragen auf einmal zur Verseuchung der Gewässer bei, Probleme, die wir nun zusätzlich bewältigen müssen. Wenn man erfahren hat, daß ein einziger Sack des Pestizids Thiodan, der 1969 in den Rhein fiel, in drei Ländern über 35 000 kg Fische tötete und über vier Jahre die Neubestockung verhinderte, dann wundert man sich nicht über den Rückgang der Kleinlebewesen des Bodens und über den parallel damit verbundenen Rückgang seiner Humusstoffe, Sauerstoffversorgung und Wasserhaltung, alles von der Natur kostenlos gebotene Hilfen, die wir, sobald wir sie zerstören, durch noch intensivere künstliche Technologien ersetzen müssen.

Dieser Circulus vitiosus, der also hier selbst die Landwirtschaft zu einem störenden Glied in der Biosphäre machte, ist das typische Beispiel einer gefährlichen positiven Rückkoppelung, die dem Prinzip des Regelkreises, der mit negativer Rückkoppelung arbeitet, genau entgegengesetzt ist. Negative Rückkoppelung bedeutet, daß bei einem Abweichen vom Normwert, sei es nach oben oder nach unten, ein Steuervorgang in der umgekehrten Richtung einsetzt, daß sich das System bei entsprechenden Störungen von alleine wieder einpendelt, sozusagen stabil ist. Positive Rückkoppelung dagegen bedeutet ein Aufschaukeln einer Störung, wie wir es vom Pfeifen einer Lautsprecheranlage, vom Schleudern eines Autos, von der Atombombenexplosion oder auch von Verkehrsstauungen her kennen. So bedeutet dort z. B. die Einführung einer über Fahrzeug-Detektoren und Computer durch den Verkehr selbst gesteuerten Ampelschaltung den äußerst entscheidenden Schritt von einer bisher weitgehend unkybernetischen positiven Rückkoppelung, bei der ein beginnender Verkehrsstau weiteren Stau erzeugt, ja sogar multipliziert, zu einem sich immer wieder auflösenden flüssigen Verkehr und damit den Schritt zu einem echten Regelkreis mit negativer Rückkoppelung und all seinen ökonomischen Vorteilen – im Gesamtsystem natürlich noch keine Lösung, da die erneute Attraktivität eines flüssigen Autofahrens bald die Zahl der Autos in der Innenstadt erhöhen und die Abgassituation verschlimmern wird –, ein Fall, der uns lehrt, kleine Regelkreise immer als Teilsysteme größerer zu betrachten.

Doch betrachten wir wieder unser Beispiel von der Landwirtschaft. Wie kommt es, daß in einem so durchaus biologischen Areal so etwas Unbiologisches wie negative Rückkoppelung überhaupt auftreten kann? Nun, das Ganze ist kein Zufall, denn wenn man ein kybernetisches System unkybernetisch angeht, wichtige Kreisläufe unterbricht, um es den Regeln der linear denkenden Marktwirtschaft anzupassen, in der sich ja Angebot und Nachfrage eher hochschaukeln als regulieren, wenn man also nicht in Regelkreisen denkt und annimmt, daß die Bodenerträge, so schien es ja lange Zeit, in genauer Relation zu dem Aufwand an Industriedünger, Schädlingsbekämpfungsmitteln, Maschineneinsatz und weitgehender Spezialisierung stehen, dann muß man eben eines Tages feststellen, daß bei dieser kurzsichtigen Input-Output-Rechnung, die den Boden – frei nach Justus Liebig – nur als leblose, krümelige Masse mit Stützfunktion für die Pflanzen sieht, daß dabei eine ganze Reihe von langfristigen, aber auch kurzfristigen Kostenfaktoren nicht berücksichtigt werden.

Viele Menschen glauben, daß die Einführung biologischer Prinzipien, wie z. B. Kreisläufe, ein Zurück zur Natur, ja zur Steinzeit, zur Primitivität bedeute. Ein solcher Weg ist jedoch bei unserer heutigen Bevölkerungsdichte von vorneherein ausgeschlossen. Wir können weder zu einer reinen Agrarwirtschaftsform zurück, geschweige denn zum Pflanzerdasein oder gar wieder Jäger und Sammler werden. Was wir brauchen, ist im Gegensatz eine Technologie auf *höherer* Ebene als bisher. Der Weg geht also nicht zurück, sondern er ist der dringend notwendige Schritt auf eine kybernetische Zivilisationsstufe, die nicht eindimensional, nicht linear, sondern vernetzt denkt: in größeren Zusammenhängen und darüber hinaus nicht zuletzt auch in größeren Zeiträumen.

Wir müssen einfach wissen, daß dann, wenn wir in natürliche Regelkreise eingreifen, wenn wir ihre natürliche Steuerung abschalten – das dürfen wir durchaus tun –, daß wir dann jedoch diese Steuerung selber in die Hand nehmen müssen (so wie alles, was wir in der Natur verändern, gewissermaßen in unsere eigene Verantwortung übergehen muß). Was könnten wir dazu konkret tun? Statt bestehende Systeme wie Landwirtschaft, Energiewirtschaft und Verkehr durch erhöhte Ansprüche zu pervertieren, Regelkreise und

Symbiosen zu zerstören, sollte man solche Ansprüche, wenn sie über Streß, Herzinfarkt und Verkehrschaos gar zu unserem eindeutigen Nachteil sind, reduzieren und die restliche Steigerung, soweit sie durch eine vorläufig noch nicht aufzuhaltende Bevölkerungslawine bedingt ist, dadurch befriedigen, daß man die alten Systeme in ihrer optimalen Größe beläßt und nach zusätzlichen neuen Systemen sucht, die ökologisch, also im Recycling arbeiten.

Für das immer knapper werdende Wasser bedeutet das – auch für die Haushalte – innerhalb der nächsten 15 Jahre eine radikale Umstellung auf mehrere Wassersorten und auf mehrfache Wiederverwendung, so wie die Industrie bereits heute ohne ein 4–5faches Recycling ihres Wasserkonsums nicht mehr auskäme. Für die Kunststoffindustrie bedeutet es die Entwicklung mikrobiell zersetzbarer Kunststoffe, für die Eisen- und Stahlwerke vielleicht die Weiterverwendung von Rotschlamm und von Schlacke, z. B. als Baustoff, für die Energieindustrie die Entwicklung von Direktumwandlern, um die Wärme vor ihrer Abstrahlung an die Umwelt möglichst ausgiebig zu nutzen, für den Verkehr das weitgehende Ausschalten von Materie überhaupt – denn viele Fahrten dienen nur dem Informationsaustausch, der über erweiterte Telekommunikationssysteme auch immateriell erledigt werden kann. Und schließlich, um wieder auf die Nahrung zu kommen, muß ein Großteil der zukünftigen Nahrung, vor allem der Proteine und Kohlenhydrate, sowieso auf andere Weise als z. B. über den verlustreichen Umweg über Boden, Pflanze, Rind und Fleisch gewonnen werden. Wir müssen mit neuen Systemen die Nahrungskette drastisch abkürzen und z. B. auf Bakterien- und Algenproteine zurückgreifen. Denn schließlich fabriziert ein Mikroorganismus auf der gleichen Fläche und in der gleichen Zeit die 2500fache Proteinmenge, als sie ein Rind produzieren kann. Eine solche Entwicklung würde die heutige Landwirtschaft, die ja nie das an Menge hergeben könnte, was wir in Zukunft brauchen, schlagartig entlasten und ihr mehr und mehr die Produktion nicht so sehr von nahrhafter Grundnahrung als vielmehr von besonders variationsreicher, schmackhafter und qualitativ hochwertiger Nahrungsergänzung übertragen. Ein zunehmender Trend zu proteinreichen Pflanzensorten und weniger Fleischnahrung wird sehr wahrscheinlich dabei die Übergangsphase bilden.

So oder so sollten wir also unverzüglich damit beginnen, den landwirtschaftlichen Regelkreis, soweit er durch Trennung in Monokultur und Massentierhaltung unterbrochen ist, in einen geschlossenen Kreisprozeß überzuführen, in dem wir einen ganz bestimmten Part aus dem Gesamtprozeß übernehmen, nämlich die Verknüpfung der nötigen Zufuhr von Nährstoffen mit umweltbelastenden Ausstößen (z. B. nährstoffreichen Abfällen). Diese reine Steuerung benötigt, wie die meisten Steuerungen, selbst kaum Energie oder Materie. Der Transport würde nicht erhöht, im Gegenteil halbiert. Abfallprobleme und Ausschwemmung in die Gewässer würden vermindert, Bodenstruktur und Wasserhaltung verbessert, die Revitalisierung des Bodens gesichert und die Qualität der Nahrung allein schon durch den dann möglichen Rückgang des Pestizideinsatzes erhöht.

Ein Kreisprozeß also, der durch die räumliche Trennung seiner drei Produktions- und Verbrauchseinheiten, nämlich Siedlungen, Anbaugebiete und Tierhaltungen sozusagen aus Abschnitten zusammengesetzt ist und nicht mehr von alleine in Gang kommt. In solchen Fällen müssen wir die normalerweise kontinuierlich laufenden biologischen Prozesse selber an den Nahtstellen der einzelnen Einheiten erneut ankurbeln. Dieses Ankurbeln betrifft in unserem Beispiel nun hauptsächlich die gesteuerte Verrottung geeigneter Abfälle, d. h. ihre Entseuchung und Hygienisierung. Erst dann können sie in Form von Kompost oder Humus als Strukturverbesserer, Nährstofflieferant oder zur Revitalisierung die Rolle spielen, die ihnen in einem echten Recycling-Prozeß zukommt.

So scheinen Gesetze nötig, Mist und Gülle aus Massentierhaltungen nicht in die Abwässer zu spülen, sondern sie in Kombination mit der Kompostierung von Müll, von organischen Abfällen aus der Nährmittelindustrie, von Holzabfällen, Klärschlämmen und Algen (aus der biologischen Abwasserreinigung) der Düngung und Bodenverbesserung zuzuführen. Darüber hinaus wären die Methoden der Gründüngung auszubauen und zu propagieren. Die neuen Abfallbeseitigungsgesetze der BRD werden bereits die erste Steuerung in dieser Richtung zur Folge haben, da sich viele Unternehmen auf einmal nach einem Abnehmer für ihre nicht mehr zur Abschwemmung oder Verbrennung zugelassenen Abfälle umsehen müssen.

Da man jedoch weder Rohmüll auf die Felder kippen kann noch die in Siedlungsabfällen enthaltenen vielen Giftstoffe, Kunststoffe und Schwermetalle unbeachtet lassen kann und schließlich auch nicht, wie früher, eine mehrmonatige Lagerzeit und umständliche Arbeitsweise der Kompostierung in Kauf nehmen kann, sind hier neue Technologien der Vorsortierung, des mikrobiellen Abbaus und der optimalen Kombination der verschiedensten Verrottungsgüter und -verfahren eine der wesentlichsten Entwicklungsaufgaben der heutigen Zeit. Einzelne Vorläufer haben bei diesem gewaltigen Kreisprozeß bereits neue Wege gezeigt. Während die deutschen Anlagen zur vollständigen Kompostierung im allgemeinen drei Wochen bis sechs Monate benötigen, haben sich im Ausland Verfahren einer vollautomatisierten mikrobiellen Schnellkompostierung in wenigen Tagen als äußerst rationell erwiesen. Allein in Europa existieren 143 Großanlagen und mindestens 67 weitere sind zur Zeit im Bau, Großanlagen in Moskau, Paris und New York. Anlagen wie diejenige von Franklin/Ohio, einer Kleinstadt im Mittelwesten der USA, lösten das gesamte Abfallproblem sogar bereits durch ein komplettes Recycling. Täglich werden hier 150 Tonnen Abfall zu Kompost, Zellulosefasern, Baustoffen, Schrott und Glas verarbeitet, deren Erlös die Anlage voll trägt. In der DDR entsteht zur Zeit bei Leipzig ein Werk, welches den erfolgreichen Prototyp einer neuartigen Kompostierungsanlage in Serie herstellen und als Standardsystem im ganzen Land einführen soll.

Dies, um nur einen Bereich etwas näher zu beleuchten, in dem das Recycling bereits als Notwendigkeit erkannt wurde.

Eine russische Astronautin hat uns einen Kreislauf, ein Recycling vorexerziert, das uns dieses Prinzip des Überlebens auf drastische Weise im kleinen zeigt. Ein Experiment, welches jedoch gerade durch seine Eigenart geeignet ist, uns den eigentlichen Hintergrund auch des großen Problems auf unserem Erdball deutlich zu machen. Die russische Wissenschaftlerin begab sich im Rahmen eines Raumfahrtprogramms in eine hermetisch von der Außenwelt abgeschlossene Kapsel ohne Luft- und Nahrungszufuhr. Sie atmete ausschließlich ihre durch eine Algenkultur regenerierte eigene Luft und trank ein aus ihren eigenen Exkrementen regeneriertes Wasser. Die Algen waren eßbar und lieferten Proteine und Kohlenhydrate, deren

Kohlenstoff bald wieder in Form von Kohlendioxyd ausgeatmet wurde. Auf diese Weise verbrachte sie in der Kapsel, in der sie normalerweise höchstens einige Minuten – bis zum Verbrauch des Sauerstoffs – überlebt hätte, die unglaublich lange Zeit von einem ganzen Monat. Ein Raumschiff mit einem lediglich 4millionenmal größeren Durchmesser und mit einer 3milliardenmal größeren Besatzung als diese Kapsel ist unsere Erde. Auch ihre Besatzung wird bei der Reise durch das All nur überleben, wenn sie die Wachstumsideologie über Bord wirft und in Kreisläufen denkt und handelt.

1 Einige Passagen dieses Rundfunkvortrags stammen aus dem Umweltsachbuch des Autors, Das Überlebensprogramm. München 1972.

Carl Christian von Weizsäcker

Wachstumstheorie in der Sackgasse?

Es besteht wenig Zweifel, daß die Theorie des wirtschaftlichen Wachstums, so wie sie in den vergangenen Jahrzehnten entwickelt worden ist, heute ihre Blütezeit hinter sich hat.

Die wirtschaftswissenschaftliche Theoriebildung ist im Verlauf der Geschichte immer sehr stark durch die jeweils aktuellen und brennenden Probleme beeinflußt worden. Denn gerade die jeweils junge Generation, die einer Wissenschaft die wichtigsten Impulse gibt, ist immer stark durch das Interesse motiviert gewesen, mittels wissenschaftlicher Analyse zur Lösung akuter wirtschaftlicher Probleme beizutragen. Dieses Bedürfnis, aktuell zu sein, erklärt vielfach auch die Einseitigkeiten und Schwächen der neu entstehenden Theorien. Man tendiert dazu, früher schon erworbene Kenntnisse zu vernachlässigen, und der Fortschritt unter dem einen Aspekt wird oft von einem Rückschritt unter anderem Aspekt begleitet. Später, wenn die aktuellen Probleme andere geworden sind, besteht dann meist Anlaß, sich dieser alten Erkenntnisse wieder zu erinnern und auf ihnen aufbauend die Einseitigkeiten der vorangegangenen wissenschaftlichen Revolution durch Entwicklung neuer Theorien zu kompensieren.

So hat auch das Phänomen des wirtschaftlichen Wachstums in der ökonomischen Wissenschaft die unterschiedlichste Behandlung erfahren. Malthus war es, der vor 175 Jahren seine Zeitgenossen auf den Widerspruch zwischen einer progressiv wachsenden Bevölkerung und einem beschränkt bleibenden Nahrungsspielraum hingewiesen hat. Seine im ganzen pessimistische Einstellung zum Wachstum der Wirtschaft und Bevölkerung veranlaßte ihn, das Potential des technischen Fortschritts und der natürlichen Ressourcen zu unterschätzen. Man mochte später mit Recht sagen, daß Malthus mit seinen Prognosen unrecht behalten habe.

In der zweiten Hälfte des letzten Jahrhunderts und am Anfang dieses Jahrhunderts bestritten die Ökonomen nicht mehr, daß die gesellschaftliche Entwicklung der Produktivkräfte ein dauerhaftes

Wachstum ermögliche. Aber in der großen Depression der 30er Jahre sammelte sich die dann junge Generation der Ökonomen um Keynes, den englischen Theoretiker, um mit seiner Theorie die entstandenen Probleme der Stabilität und Vollbeschäftigung zu lösen. Es herrschte damals vielfach die Meinung, daß wirtschaftliches Wachstum aufgrund unzureichender Nachfrage auf den Märkten gar nicht unbeschränkt möglich sei. Die Stabilisierung und das erstaunliche Wachstum des marktwirtschaftlichen Systems nach dem Kriege ließ aus der Keynesschen Theorie die modernen Theorien des wirtschaftlichen Wachstums hervorgehen. Mathematisch-analytische Modelle sollten dazu beitragen, das im Keynesschen System vernachlässigte Phänomen des Wachstums zu beschreiben und zu erklären. Aber wie immer ist äußerste logische Präzision, die ein Ziel jeder Wissenschaft sein muß, nur durch hinreichend einfache Modellannahmen zu erreichen. Die Wirklichkeit ist eben zu kompliziert, um voll und zugleich präzis erfaßt und erklärt werden zu können. Dies gilt insbesondere für die gesellschaftliche Wirklichkeit. Hatte Malthus den technischen Fortschritt und hatte Keynes das wirtschaftliche Wachstum überhaupt vernachlässigt, so bleiben nun in der Wachstumstheorie die Begrenzungen der natürlichen Umwelt, der Bodenschätze, der Erdoberfläche unberücksichtigt. Die Wachstumstheorie entsprach damit dem Zeitgeist der 50er und 60er Jahre. Das Ziel des Wachstums wurde nicht in Frage gestellt. Die Mittel des Wirtschaftswachstums standen im Zentrum der Analyse: Akkumulation des Sachkapitals, Forschung und Entwicklung, die produktionsgerechte Ausbildung der Bevölkerung, Verbesserung des Managements, staatliche Infrastrukturpolitik, die effizienzsteigernden Effekte des Marktes, der Außenhandel und anderes mehr.

Zweieinhalb Jahrzehnte kräftigen quantitativen Wachstums haben in Ost und West die Prioritäten verschoben. Wer hungert, friert und sich auf wenige Quadratmeter Wohnraum beschränken muß, für den hat Wachstum Vorrang. Bei reichlicherer Versorgung mit materiellen Gütern gewinnt man steigendes Interesse an Problemen der Qualität. So sind die Regierungen der östlichen Länder zunehmend gezwungen, marktwirtschaftliche Elemente in ihre Wirtschaftssysteme einzuführen. Denn die mit Sollziffern und Materialbilanzen der zentralen Planung nicht zu lösenden Probleme mangelnder Qualität der Konsumgüter kann man nur so in den Griff bekommen. Und so ruft man in den westlichen Ländern nach der starken Hand des Staates zur Schaffung einer besseren Lebensqualität, die das marktwirtschaftliche System nicht liefern könne. Mit Macht gewinnen die Analysen von Wissenschaftlern an Einfluß, die düstere Prognosen für das 21. Jahrhundert stellen. Ihre wissenschaftliche Methode ist vom Standpunkt der herkömmlichen Theorie her fragwürdig, aber sie haben der Wachstumstheorie voraus, das Malthussche Element, die Endlichkeit der Erde und ihrer Ressourcen zu berücksichtigen.

Eine Umorientierung der Wachstumstheorie und ihrer Ausgestaltung zu einer Theorie der wirtschaftlichen Entwicklung scheint notwendig. Das beginnt schon bei der Frage der Messung des wirtschaftlichen Wachstums. Wirtschaftliches Wachstum wird traditionell gemessen an der Entwicklung des realen Bruttosozialprodukts oder des realen Bruttosozialprodukts pro Arbeitskraft. Was aber ist das reale Bruttosozialprodukt? Es ist der Marktwert der Güter, die im Verlauf einer Periode produziert werden, korrigiert um die Geldentwertung. Dieses reale Bruttosozialprodukt kann also nach seiner Definition nur solche Güter berücksichtigen, die auf dem Markt gekauft und verkauft werden. Das hat zur Folge, daß zahlreiche Aktivitäten, die nicht zu Marktprodukten führen, auch im Bruttosozialprodukt nicht berücksichtigt sind. Die unbezahlte Arbeit der Hausfrauen z. B. ist im Bruttosozialprodukt nicht enthalten. Wird eine bestimmte Aktivität, die früher innerhalb eines Haushalts stattgefunden hat, nunmehr durch ein Dienstleistungsgewerbe übernommen, so steigt das Bruttosozialprodukt, ohne daß die echte Produktivität gestiegen sein muß.

Die Leistungen des Staates sind im Bruttosozialprodukt nur insofern vorhanden, als die vom Staat gekauften Produktionsfaktoren zur Erstellung dieser Leistungen, weil sie auf dem Markt gehandelt werden, mit ins Bruttosozialprodukt einbezogen werden. Der eigentliche Wert der Leistungen des Staates kommt aber in den Kosten nur unzureichend zum Ausdruck. Andererseits werden vom Bruttosozialprodukt auch nicht diejenigen negativen Effekte marktorientierter Produktion abgezogen, die keinen Marktreflex und keinen Kostenreflex verursachen. Wenn also Luft oder Wasser verschmutzt wird durch einen bestimmten Produktionsprozeß, so werden die Kosten der Wiederherstellung des sauberen Zustands der Luft oder des Wassers nicht vom Wert des Produkts abgezogen, dessen Herstellung die Verschmutzung verursacht hat. In dem Maße, in dem Probleme der Umweltverschmutzung von Bedeutung werden, und in dem staatliche Leistungen an Gewicht zunehmen, wird die Maßgröße des Bruttosozialprodukts in seiner traditionellen Definition ungeeignet für die Messung des Zuwachses an Wohlstand. Die Wachstumstheorie muß sich also zur Aufgabe machen, geeignete Indikatoren des wirtschaftlichen Wachstums zu finden. Diese Forderung ist natürlich leichter aufgestellt als erfüllt. Man muß sich klarmachen, weshalb die Marktpreise bisher bei der Bemessung des wirtschaftlichen Wachstums eine so dominierende Rolle gespielt haben. Das hat einen sehr einfachen, sehr praktischen Grund. Diese Bewertungskriterien, die Marktpreise, kann man mittels statistischer Erhebungen relativ leicht feststellen; sie sind objektiv, denn die Güter werden auf dem Markt ja de facto mit diesen Preisen bewertet. Elemente der Willkür sind damit bis zu einem gewissen Grade ausgeschaltet. Es dürfte sehr viel schwerer fallen, einen objektiv und allgemein gültigen Maßstab für den Wert staatlicher Leistungen zu finden. Diese staatlichen Leistungen werden aufgrund politischer Entscheidungen erbracht.

Politische Entscheidungen sind in einer Demokratie Mehrheitsentscheidungen; sie sind beeinflußt durch die öffentliche Meinung, durch Interessengruppen, aber man kann nicht behaupten, daß Einhelligkeit über den Wert z. B. des Ausbaus des Hochschulwesens, der Förderung des Gesundheitswesens, des Baues von Straßen existiert. Die Quantifizierung dieser staatlichen Leistungen muß deshalb nicht nur ein empirisch-praktisches, sondern auch ein erhebliches theoretisches Problem bleiben. Entsprechendes gilt für die Produkte von Leistungen, sofern sie nicht auf dem Markt gehandelt werden. Man kann das Bruttosozialprodukt möglicherweise um die Leistungen von Hausfrauen korrigieren, aber der Wert der Leistungen von Hausfrauen ist schwer objektiv feststellbar. Auch die externen Effekte der Produktion, d. h. die Kosten der Produktion, die nicht vom Produzenten bezahlt werden müssen, lassen sich wertmäßig oft nur schwer genau quantifizieren. Hier liegen also erhebliche theoretische Probleme, die den Ökonomen an sich schon lange bekannt sind. Es hat auch schon Ansätze zu ihrer Lösung gegeben. Aber es ist nicht klar, ob es den ökonomischen Theoretikern gelingen wird, überzeugendere Maßstäbe für das quantitative Wirtschaftswachstum zu finden. Der Versuch sollte auf jeden Fall unternommen werden.

Neben der Quantität des Wachstums ist seine Qualität von besonderem Interesse. Es müßte die Aufgabe der Ökonomen sein, darauf hinzuweisen, daß die Entwicklung des Wohlstands möglicherweise nicht allein durch einen einzelnen Index, wie den des Bruttosozialprodukts eingefangen werden kann. So ist für jedermann ersichtlich, daß es heute eine größere Anzahl verschiedenartiger Güter als früher gibt, die unsere Volkswirtschaft herzustellen imstande ist. Der technische Fortschritt äußert sich in großem Maß in der Form, daß neue Güter entwickelt und hergestellt werden. Die Vielfalt des Güterangebots und damit die Anzahl der Entscheidungsalternativen, die dem einzelnen Individuum offenstehen, ist keine Naturkonstante, sondern entwickelt sich mit dem Prozeß des wirtschaftlichen Fortschritts. Die Quantifizierung dieser Vielfalt erscheint eine wichtige Fragestellung für eine Theorie des wirtschaftlichen Wachstums und der wirtschaftlichen Entwicklung. Will man dem Ausdruck »Qualität des Lebens« einen objektivierbaren Sinn geben, so spielt möglicherweise diese Vielfalt der Wahlmöglichkeit des Individuums eine sehr wesentliche Rolle. Die Beschränkungen dieser Wahlfreiheit, die natürlich heute und in der Zukunft ebenso existieren wie sie es in der Vergangenheit getan haben, müßten im Rahmen eines solchen Versuchs genauer spezifiziert werden. Man kann hier von der wissenschaftlichen Aufgabe sprechen, die Qualität zu quantifizieren. Sie ist bisher von unserer Wissenschaft nicht voll geleistet worden. Sollte sie einmal geleistet sein, so ließe sich beispielsweise mit ihrer Hilfe einiges Licht auf eine der wohl wichtigsten Fehlprognosen früherer Zeiten werfen. Bekanntlich hat Marx und bekanntlich haben zahlreiche andere Wirtschaftswissenschaftler mit gutem Recht darauf hingewiesen, daß im Verlauf der wirtschaftlichen Entwicklung die Konzentration der Wirtschaftseinheiten zunehmen werde, daß die Monopolmacht einzelner Wirtschaftseinheiten wachsen werde. Soweit sind die Prognosen, wie man heute nicht bestreiten wird, eingetroffen. Aber sie haben nicht die erwartete Wirkung gehabt, den Freiheitsspielraum des einzelnen wesentlich einzuschränken, im Gegenteil, ich glaube, sofern dies überhaupt objektiv meßbar ist, daß der Freiheitsspielraum des Individuums auch im wirtschaftlichen Bereich heute größer ist als je. Dabei spielt das Phänomen der Vollbeschäftigung sicherlich eine wesentliche Rolle, daneben dürfte aber auch die Fähigkeit des Individuums, sich der Monopolmacht des einzelnen Monopolisten dadurch zu entziehen, daß die Vielfalt des Güterangebots wesentlich gestiegen ist, eine Rolle spielen.

Man denke beispielsweise an die mit dem modernen Transportwesen gewachsenen Möglichkeiten, zwischen verschiedenen Kaufläden, Arbeitgebern, Wohnorten, Ärzten, Schulen und Urlaubsorten zu wählen, obwohl sie alle, Kaufläden, Unternehmen, Städte, Arztpraxen, Schulen, Urlaubsorte heute jedes für sich größer sind als früher.

Eine andere interessante Fehlprognose früherer Ökonomen und Gesellschaftstheoretiker ist der Effekt der zunehmenden Produktivität des Wirtschaftsprozesses auf die Arbeit. Man glaubte, daß diese zunehmende Produktivität vor allem zu einer Freisetzung von Arbeit führen würde; die einen prognostizierten Massenarbeitslosigkeit, die anderen prognostizierten drastische Senkungen der individuellen Arbeitszeit. Obwohl eine gewisse Senkung der Arbeitszeit eingetreten ist, so doch längst nicht in dem Ausmaß, wie dies hätte erwartet werden können. Allerdings hat sich die Art der Arbeit im Produktionsprozeß wesentlich gewandelt. War für die überwiegende Mehrheit der Bevölkerung in der Vergangenheit der Arbeitsprozeß vor allem eine Last und deshalb die Verkürzung der Arbeitszeit ein wesentliches Desideratum, so kann man feststellen, daß die Annehmlichkeiten des Produktionsprozesses im Laufe der Zeit gewachsen sind, und daß heute die Bereitschaft, auf Arbeitszeitverkürzungen zu verzichten, dann wächst, wenn man dafür zusätzliche Annehmlichkeiten der Produktionsarbeit erreicht. Soweit man im klassischen Sinne Produktion und Konsum dadurch unterschieden hat, daß der Konsum Nutzen stiftet, während der Produktionsprozeß den einzelnen belastet, wird diese Unterscheidung heutzutage schwimmend. Der Konsum am Arbeitsplatz in der Form einer Erhöhung der Bequemlichkeit der Arbeit und der Freude an der Arbeit, ist ein wichtiges Phänomen. In diesem Zusammenhang ist das Aufbegehren mancher Industriearbeiter gegen die monotone Fließbandarbeit ein interessantes Indiz, da ihnen dieses Aufbegehren offenbar nicht durch das Angebot höherer Löhne abgekauft werden kann. Es wäre falsch, diese Komponente der wirtschaftlichen Entwicklung nicht auch in irgendeiner Form zu quantifizieren und als einen Weg zur Nutzung des Produktivitätsfortschritts auszuweisen.

Kann aber die industrielle Produktion angesichts der beschränkten Reserven an Bodenschätzen, an Land, an Energiequellen weiterhin wachsen? Die heutigen Kritiker des Wachstums bezweifeln dies. Und sie mögen recht haben, soweit ihr Axiom stimmt, daß zusätzliches industrielles Wachstum einhergeht mit einer proportionalen Erhöhung des Bedarfs an Rohstoffen und Energie. Dieses Axiom, das zu den Vereinfachungen der Kritiker des Wachstums gehört, muß aber in Frage gestellt werden. Man kann zur Zeit beobachten, daß beispielsweise der Energiebedarf und daß der Bedarf an seltenen Metallen proportional oder sogar überproportional mit dem Produktionsvolumen der Industrie wächst. Daraus darf aber nicht abgeleitet werden, daß dieses auch notwendig in der Zukunft so ist. Der Preis von Energie ist bisher ständig gesunken. Der Preis der menschlichen Arbeit ist andererseits ständig gestiegen. Es ist daher natürlich, daß die industrielle Produktion Energie reichlich verwendet hat. Auch der Transport ist solche Wege gegangen, die besonders energieintensiv waren; man denke nur an den Individualverkehr auf unseren Straßen. Wenn nun Energie nicht mehr so billig zu produzieren ist, wird entweder durch vorsorgende staatliche Planung oder vielleicht auch schon durch Marktprozesse der Preis der Energie steigen. Diese Preissteigerung der Energie, die sicherlich für die Industrie ein sehr schmerzhafter Prozeß ist, wird die Industrie veranlassen, sparsamer mit dem Produktionsmittel Energie umzugehen; dennoch werden weitere technische Fortschritte möglich sein. Dies werden energiesparende Fortschritte sein, die es ja auch schon in der Vergangenheit gegeben hat. Als Beispiel möchte ich hier den fundamentalen technischen Fortschritt nennen, der durch die Einführung des Computers möglich geworden ist. Der Computer benötigt im Verhältnis zu seiner ökonomischen Leistung wenig Energie. Er ermöglicht ein Wachstum der Produktivität über viele Jahrzehnte, ohne daß deswegen der Energiebedarf wesentlich zunehmen muß.

So wird auch im Bereich der industriellen Produktion das Wachstum wohl weitergehen können, obwohl die Malthusschen Gedanken der Begrenzung der Umwelt ihre Berechtigung haben. Ein Strukturwandel der industriellen Produktion ist dabei natürlich unerläßlich und sollte ebenfalls Objekt wissenschaftlicher Analyse sein.

Herbert Giersch

Wachstum mit oder ohne Strukturwandel?

1. »Wachstum mit oder ohne Strukturwandel« ist ein Thema, das eine Reihe von aktuellen Fragen umfaßt. Hier sind einige Beispiele:

Erstens: Es gibt unter den Sachbüchern in Deutschland einen Bestseller mit dem Titel ›Die Grenzen des Wachstums‹. Seine Hauptthese lautet: in derselben Weise wie bisher kann das Wachstum der Wirtschaft nicht weitergehen, weil es dann in 100 oder 150 Jahren an die Grenzen der Umwelt stößt und es dann zu einer Katastrophe käme. Das Wachstum, das hier gemeint ist, ist ein Wachstum in der bisherigen Weise; es ist ein Wachstum ohne jenen besonderen Strukturwandel, der nötig wäre, damit das Wachstum weitergehen kann.

Zweitens: Die marxistischen Kritiker des Kapitalismus bezweifeln schon seit über 130 Jahren, daß sich das Wachstum wie bisher fortsetzen könne. Zwar heißt es im Kommunistischen Manifest von 1848 rückblickend: »Die Bourgoisie hat in ihrer kaum hundertjährigen Klassenherrschaft massenhaftere und kolossalere Produktionskräfte geschaffen als alle vergangenen Generationen zusammen.« Aber die Prognose lautet, daß dies nicht so weitergehen kann. Sofern nicht die Unternehmenskonzentration das Privateigentum aufhebt und damit dem spontanen Wachstum ein Ende setzt, bricht das System in immer schwerer werdenden Unterkonsumtionskrisen zusammen. Daß diese Prophezeiung bisher nicht eingetroffen ist, zwingt dazu, nach Gründen zu suchen.

Erst hieß es, daß das System sein Wachstum der Rüstungsproduktion verdanke, aber nachdem sich in Japan und Westeuropa herausgestellt hat, daß eine Wirtschaft schneller wächst, wenn man sich die nutzlose Waffenproduktion ganz oder teilweise erspart, sucht man nun die Erklärung für das weitere kapitalistische Wachstum in der Lenkung durch den Staat, also in einer qualitativen Änderung des Systems.

Drittens: Daß die Qualität des Wachstums für den Wachstumsprozeß eine Rolle spielt und es deshalb so wie bisher nicht weitergehen kann, sagen außer den Ökologen und den Marxisten auch viele Regierungen. So war in den letzten Jahren im Ausland viel von der Quality of Life oder der Qualité de la Vie die Rede; und das offizielle Bonn hat sich früh das Anliegen zu eigen gemacht mit der Forderung nach der besseren Lebensqualität.

2. Allen drei Beispielen gemeinsam ist das Unbehagen an einem Wachstum bei unveränderter oder nicht zukunftsgerechter Struktur. Immer mehr von demselben produzieren und konsumieren: das kann nicht gut gehen! Es führt

- zur Erschöpfung unserer Rohstoffquellen,
- zur Überproduktion oder
- zu Sättigungserscheinungen, die uns den Appetit nehmen und uns nach etwas Besserem suchen lassen.

Der Wirtschaftswissenschaftler, der sich mit Fragen des Wachstums und der wirtschaftlichen Entwicklung befaßt, versteht dieses Unbehagen. Denn er weiß, daß auch der heutige Zustand nicht erreicht worden wäre, wenn es im bisherigen Wachstum keinen ständigen Wandel in den Verbrauchsgewohnheiten, in der Zusammensetzung des Sozialprodukts und in der Produktionstechnik gegeben hätte.

3. Die pessimistische These von den Grenzen des Wachstums ist in der Wirtschaftswissenschaft sei Thomas Robert Malthus (1766 bis 1834) bekannt. Malthus wurde geplagt vom Alptraum eines kräftigen Bevölkerungswachstums bei eng begrenztem Nahrungsspielraum; er konnte nicht ahnen, daß Europa einmal eine Revolution in der Agrartechnik erleben und dann unter hohen Agrarüberschüssen leiden würde. Marx's Vorstellung, daß der Industrie-Kapitalismus an Unterkonsumtion zugrunde gehen werde, schien sich zwar in der Weltwirtschaftskrise zu bestätigen; aber wir wissen heute, wie sehr eine falsche Geld- und Währungspolitik für diese Krise verantwortlich war und wie man solche Fehler vermeiden kann. So leiden wir in der Bundesrepublik heute auch nicht an Unterkonsumtion und Arbeitslosigkeit, sondern an Übernachfrage und Inflation.

Der Ruf nach der Qualität des Lebens, den wir heute vernehmen, ist für den Nationalökonomen gleichbedeutend mit dem Ruf nach einem wachstumsgerechten Strukturwandel in der Zukunft. Daß es ohne Strukturwandel nicht geht, ergibt sich aus der Beobachtung, daß große Gebilde stets eine andere Struktur aufweisen als kleine. Es gilt dies für Betriebe und für ganze Volkswirtschaften, für Staaten, Kirchen, Parteien, Verbände und militärische Organisationen, aber auch für kleine und große Gebilde im Tierreich, im Pflanzenreich und sogar in der Architektur. Niemand käme etwa auf die Idee, einen Großbetrieb ähnlich zu organisieren wie ein Ein-Mann-Unternehmen oder bei einem Hochhaus dieselbe Architektur und Statik anzuwenden wie bei einem kleinen Bungalow. Wollte man einen Bungalow-Typ immer größer bauen, ohne seine Proportionen zu ändern, so könnte man die Grenzen des Wachstums mit Sicherheit erkennen und den Zusammenbruch des Systems genau voraussagen. Ebenso wie kein Architekt die Annahme konstanter Strukturen macht, ebenso fragt sich der Wirtschaftswissenschaftler, wie die Kritiker des Wirtschaftswachstums es versäumen können, den wachstumsbedingten Strukturwandel als Selbstverständlichkeit zu unterstellen.

4. Die These, die es im folgenden zu erläutern gilt, ist in diesem Sinne ganz einfach: Spontanes Wachstum ist mit Strukturwandel gekoppelt. Wird dieser Strukturwandel blockiert, so hört das Wachstum auf; aber wenn das System in sich genügend anpassungsfähig ist, hat das Wachstum keine erkennbaren Grenzen.

5. Daß das Wachstum bei richtigem Strukturwandel keine erkennbaren Grenzen hat, mag überraschen. Die meisten werden mir entgegenhalten, daß die These schon deshalb falsch sein müsse, weil unsere Erde einem Raumschiff gleicht, das eng begrenzt ist. Das Mißverständnis ergibt sich daraus, daß wir bei Wachstum an Verschiedenes denken. Wenn Wirtschaftswissenschaftler von Wachstum reden, so meinen sie meist das Sozialprodukt, eine Addition der laufend erzeugten Güter und Leistungen, bewertet mit tatsächlichen oder fiktiven Preisen. Es ist die Summe der gesamten volkswirtschaftlichen Wertschöpfung. Bevor es zum industriellen Wachstum kam, ging man von der Annahme aus, daß echte Werte nur entstünden, wenn Menschen im Kampf mit Natur und Boden Nahrungsmittel oder Rohstoffe erzeugten. Alles andere galt als unproduktiv. Mit der Industrialisierung setzte sich die Erkenntnis durch, daß auch die Bearbeitung und die Verarbeitung der Rohstoffe eine

Wertschöpfung darstelle. Nicht als produktiv galten Händler und Bankiers, Ärzte und Rechtsanwälte, Lehrer und Staatsbeamte, Künstler und Wissenschaftler; sie lebten sozusagen von der Wertschöpfung anderer Leute, ein bißchen wie Schmarotzer. Diese Auffassung ist heute noch vorhanden, ganz ausgeprägt in der Sozialproduktrechnung sozialistischer Staaten und bei uns zumindest noch im Unterbewußtsein mancher Menschen. Das wird sich jedoch ändern. Denn das wirtschaftliche Wachstum der Zukunft wird sich vornehmlich im sogenannten tertiären Sektor vollziehen. Wir werden, nachdem wir in den Industrieländern schon zu viel Nahrungsmittel und fast genug industrielle Konsum- und Investitionsgüter erzeugen, künftig verstärkt geistiges Kapital bilden und moderne Dienstleistungen konsumieren. Unser Raumschiff Erde hat sicher nur begrenzte Rohstoffquellen, aber wir werden z. B. künftig mehr und mehr Automobile produzieren, die aus Schrott hergestellt sind; und sie werden auf mehr Sicherheit getrimmt sein und deshalb einen höheren Wert haben. Sicherheit verlangt nicht unbedingt mehr Rohstoffe, aber gewiß mehr Köpfchen. Und wir werden, ohne daß es viel mehr Energie und kaum irgendwelche Rohstoffe kostet, mehr telefonieren und dies über weitere Entfernungen tun. Auf diese Weise erzeugen und verbrauchen wir Werte, von denen sich unsere Vorfahren zu Beginn der Industrialisierung noch kaum eine Vorstellung machen konnten. Und wenn heute durch das Fernsehen oder durch die Langspielplatte Millionen und Abermillionen in den Genuß kultureller Darbietungen gelangen, so ist der Materialaufwand minimal, aber die Wertschöpfung immens, weil es sich um Güter handelt, die sich noch vor 50 oder 100 Jahren nur ganz wenige leisten konnten. Die Fruchtbarkeit und die Bodenschätze der Erde sind begrenzt, aber das gilt auch für die Aufnahmefähigkeit unserer Mägen und für das, was wir netto an dauerhaften Industriegütern brauchen. Unbegrenzt aber ist, was Menschen für Menschen im Bereich der Bildung und Ausbildung und der Übermittlung wertvoller Information noch erzeugen können. Insofern liegen die Grenzen des Wachstums weit in der unsichtbaren Zukunft.

6. Wie kann man dafür sorgen, daß sich der Strukturwandel in einer Volkswirtschaft rechtzeitig vollzieht und das Wachstum in die richtigen Bahnen lenkt? Die Antwort ist für die kapitalistischen

Länder einfach. Hier vertraut man auf den Preismechanismus, der eine Art strukturpolitischer Wunderwaffe darstellt. Dieser Preismechanismus signalisiert uns, wo Engpässe auftreten. Wenn sich irgendein Rohstoff verknappt – sagen wir Silber –, so steigt schon sehr früh der Preis dafür. Dadurch wird es lohnend, die Knappheit zu beseitigen

– durch die Suche nach neuen Vorkommen,
– durch die Verwendung anderer Stoffe, die Silber ersetzen,
– durch Minderproduktion solcher Erzeugnisse, für die Silber unersetzlich ist,
– und durch die Erfindung von Erzeugnissen und Verfahren, die dasselbe leisten, aber kein Silber erfordern.

Natürlich ist es nicht allein der Preismechanismus, der dies schafft; es sind im Grunde vielmehr die Initiativen, die durch ein Preissignal mobilisiert werden; und es sind in einer freien Gesellschaft meist viele Kräfte, die zu gleicher Zeit und im Wettbewerb untereinander an einer Lösung arbeiten.

7. Nicht funktioniert diese Selbstregulierung, wenn der Preismechanismus ausgeschaltet ist – wie in den meisten sozialistischen Ländern oder in manchen Bereichen bei uns, etwa der Landwirtschaft. Es ergeben sich auch Schwierigkeiten überall dort, wo Güter, die nur begrenzt verfügbar sind, zum Nulltarif angeboten werden. Was nichts kostet, obwohl es knapp ist, wird im Übermaß verlangt und darüber hinaus verschwendet. Dann muß man rationieren, ob es sich um enge Straßen im Stadtzentrum oder um Studienplätze an den Universitäten handelt. Nichts kostet auch die Umwelt, obwohl sie ein knappes Gut darstellt. Das gilt zwar nicht für die dünnbesiedelten Gebiete jenseits des Ural und für die weiten Räume von Kanada und Alaska, wohl aber für die Ballungsgebiete

– im Westen der Sowjetunion,
– im übrigen Europa,
– in den Vereinigten Staaten
– und in Japan.

Der Verbrauch an Umwelt muß in diesen Räumen rationiert werden – durch Verbote und durch Auflagen – weil die Umwelt zum Nulltarif verfügbar ist. Und es gilt für die Umwelt der Nulltarif, weil wir kein Privateigentum an der Umwelt kennen. Hätte jeder von uns einen einklagbaren Anspruch auf Freiheit von Geruchsbelästigung, so müßten die Großbetriebe der Chemie längst hohe Schadensersatzzahlungen leisten. Sie hätten dann vielleicht ganz andere Standorte gewählt, ganz andere Produktionsverfahren angewandt oder von selbst das getan, was man heute mit behördlichen Anordnungen von ihnen verlangt. Ähnlich würden sich die Dinge von selbst einregulieren, wenn die öffentliche Hand als Treuhänder der Bürger fungierte und nur solchen Betrieben den Gebrauch der Umwelt gestattete, die bereit sind, sich dafür eine Lizenz zu kaufen. Selbstverständlich müßte das Entgelt so hoch bemessen sein, daß es ausreicht, um die Betroffenen zu entschädigen und die Verursacher des Schadens nach anderen Möglichkeiten suchen zu lassen. Es gibt genügend praktikable Vorschläge, die in dieser oder ähnlicher Weise geeignet sind, den Preismechanismus dort zu ergänzen, wo er wegen fehlenden Privateigentums nicht funktionieren kann. Die Wirtschaftswissenschaft hat sich mit diesen Fragen seit über 50 Jahren (A. C. Pigou, The Economics of Welfare, 1920) beschäftigt, freilich ohne die entscheidenden Männer in Politik und Wirtschaft sehr damit zu beeindrucken. Heute ist dieses Thema der knappen Umwelt, die zum Nulltarif in Anspruch genommen wird, Gegenstand emotionaler Systemkritik, obwohl es die Umweltprobleme natürlich auch in der Sowjetunion gibt.

8. Wo der Preismechanismus wirksam sein kann und darf, sorgt er für den wachstumsbedingten Strukturwandel. Dieser Wandel vollzieht sich in allen Bereichen, in denen entschieden wird, was, wo, wie zu produzieren ist.

9. Beginnen wir mit dem »Was«, also den Gütern und Leistungen des Sozialprodukts, um dessen Wachstum es geht. Wenn wir in einem internationalen Vergleich alle Länder nach der Höhe des Sozialprodukts je Kopf der Bevölkerung ordnen, so stellt sich folgendes heraus: Je niedriger das Sozialprodukt und der Lebensstandard, um so größer ist der Anteil der Landwirtschaft. Arme Länder haben darüber hinaus noch einen relativ großen traditionellen Dienstleistungssektor. Mit dem Sozialprodukt je Kopf steigt dann der Anteil der Industrie auf Kosten der Landwirtschaft und der traditionellen Dienstleistungen. Industrialisierung ist demnach die Haupttriebkraft des wirtschaftlichen Wachstums. Das geht bis zu einem be-

stimmten Punkt, den die Vereinigten Staaten, Kanada und Großbritannien schon überschritten haben. Von diesem Pro-Kopf-Einkommen ab verlangsamt sich der Anstieg der Nachfrage nach Industrieprodukten so stark, daß er hinter dem Anstieg der Arbeitsproduktivität zurückbleibt, und Wachstumsträger wird nun der moderne tertiäre Sektor, der das Gesundheitswesen, die Bereiche Bildung und Ausbildung, das Informationswesen und das Bankwesen umfaßt. Die Bundesrepublik bildet insofern eine Ausnahme, als sie das Entwicklungsniveau, an dem die Industrialisierung normalerweise aufhört, schon überschritten hat, aber immer noch ein Wachstum des Industrieanteils zeigt. Die Gründe dafür können hier nicht erörtert werden. Wir rechnen aber damit, daß der Industrieanteil jetzt konstant bleiben und ab Mitte der 70er Jahre ebenfalls zurückgehen wird.

10. Genau dasselbe Entwicklungsmuster zeigt sich, wenn wir in Europa die Regionen nehmen und sie nach der Größe des Sozialprodukts je Kopf ordnen und miteinander vergleichen. Nicht die Regionen mit dem höchsten Anteil der Industrie sind die reichsten, sondern die Regionen mit dem größten tertiären Sektor. Die Zukunft eines entwickelten Gebietes liegt also nicht mehr in der weiteren Anhäufung von Industrie, sondern in Aktivitäten, die mehr in Büros als an Werkbänken, mehr in Forschungslaboratorien als in Fabrikhallen entfaltet werden. Ausbildungskapital wird wichtiger als Sachkapital. Hierin spiegelt sich auch und vor allem ein Wandel in der Bedarfsstruktur bei steigendem Einkommen wider. Es sind nicht mehr die Grundbedürfnisse der Ernährung, Wohnung und Bekleidung, sondern die kulturellen Bedürfnisse, die sich bei hohem Einkommen verstärkt Geltung verschaffen. Dazu gehört auch der Bedarf an Sicherheit und Unabhängigkeit, den die Menschen in einer offenen Gesellschaft durch Sparen, also durch private Vermögensbildung, zu decken versuchen.

11. Nun stimmt weder im Falle eines Landes noch im Falle einer Region die Bedarfsstruktur mit der Produktionsstruktur überein. Im Wachstum ergibt sich daraus ein räumlicher Strukturwandel, ein Strukturwandel in bezug auf das »Wo« der Produktion. Die Güter werden ja vielfach nicht dort produziert, wo Nachfrage nach ihnen besteht; denn wir haben einen Güteraustausch im nationalen und im

internationalen Rahmen, aus dem alle Beteiligten einen großen Nutzen ziehen. Wir exportieren, damit wir tropische Früchte, ausländische Rohstoffe und alle Güter, die wir im eigenen Land nur mit höheren Kosten herstellen könnten, aus dem Ausland oder aus anderen Regionen einführen können. Immer, wenn die indirekte Beschaffung – über die Ausfuhr von Gegenwerten – billiger ist, verzichten wir mit Vorteil auf die Inlandsproduktion zugunsten der Einfuhr. Das bringt auch unseren Lieferländern einen Vorteil. Nun ändern sich aber im Laufe des Wachstums die Bedingungen, unter denen es vorteilhaft ist, bestimmte Güter im Inland herzustellen oder zu importieren. Entsprechend verändert sich die räumliche Struktur der Produktion im nationalen wie im internationalen Rahmen. Das wichtigste Element des weltwirtschaftlichen Strukturwandels ist die Industrialisierung der zurückgebliebenen Länder. Lange Zeit haben die Entwicklungsländer nicht nur nach politischer, sondern auch nach wirtschaftlicher Unabhängigkeit gestrebt; sie haben sich in ihrem Wachstum auf solche Güter konzentriert, die sie bisher einführen mußten, und sind dabei vielfach weitergegangen, als dem Wachstum ihrer Wirtschaft zuträglich war. Seit einiger Zeit jedoch streben sie verstärkt mit ihren Erzeugnissen auf die Weltmärkte, und sie sind hierbei recht erfolgreich, wenn es sich um Erzeugnisse handelt, für die sie eine eigene Rohstoffbasis oder gute klimatische Bedingungen haben. Mehr noch aber wird in der Zukunft folgendes von Bedeutung sein: Die Entwicklungsländer haben einen natürlichen Wettbewerbsvorteil bei allen Produkten, die mit viel Arbeitskraft und wenig Sach- und Ausbildungskapital hergestellt werden können. Denn Arbeitskräfte sind in den Entwicklungsländern überreichlich vorhanden, während wir in den Industrieländern unter einem ausgesprochenen Arbeitskräftemangel leiden. Hier drängt alles zu einem Ausgleich, d. h. zu einer Verlagerung von arbeitsintensiven Produktionen und arbeitsintensiven Teilprozessen in die weniger entwickelten Länder. Die Alternative zu einer solchen Verlagerung wäre ein verstärkter Zustrom von Gastarbeitern aus den armen in die reichen Länder. Abgesehen von den Integrationsproblemen, die eine Bevölkerungswanderung mit sich bringen würde, ergäbe sich aus dieser Lösung des räumlichen Strukturproblems eine Belastung der Umwelt in den reichen Ländern.

12. Für eine erfolgreiche Produktionsverlagerung von den kapitalreichen Ländern mit Arbeitskräftemangel in die kapitalarmen Länder, die meist unter einer großen Arbeitslosigkeit leiden, gibt es gute Beispiele. Die westdeutsche Kamera-Industrie hat unter dem unvermeidlichen Druck der steigenden Löhne viel von ihrer früheren Wettbewerbsstellung verloren, aber eines der Unternehmen, das große Teile seiner Produktion nach Singapur verlagert hat, verzeichnet einen so kräftigen Umsatzzuwachs in aller Welt, daß es jetzt auch in der Bundesrepublik wieder mehr Arbeitskräfte einstellen kann, vor allem Arbeitskräfte mit hoher Qualifikation, die hohe Löhne verdienen. So sorgen der Markt und das Gewinnstreben der Unternehmer dafür, daß sich im Strukturwandel die Unterschiede und die Gegensätze zum allseitigen Vorteil ausgleichen. Zu den Branchen, die in der Bundesrepublik schon einige Zeit unter dem verschärften Konkurrenzdruck der Entwicklungsländer stehen und in ähnlicher Weise den weltweiten Strukturwandel bewältigen müssen, zählen außer der Kamera-Industrie die NE-Metallindustrie, die Schuhindustrie, die Ledererzeugung, die Lederverarbeitung, die Musikinstrumentenindustrie, die Textil- und die Bekleidungsindustrie und zum Teil auch die Nahrungs- und Genußmittel- und die Elektrotechnische Industrie. Im Kieler Institut für Weltwirtschaft wird geschätzt, daß in der Bundesrepublik bis 1980 200 000 bis 500 000 Arbeitsplätze von diesem weltwirtschaftlichen Strukturwandel betroffen sein werden. Das wäre jedoch ohne Schwierigkeiten zu schaffen. »Sollten bis 1980 400 000 Arbeitsplätze wettbewerbsunfähig werden, so müssen pro Jahr nur etwa ein Prozent der Beschäftigten aus den betroffenen Branchen ihren Arbeitsplatz wechseln oder aus dem Arbeitsleben ausscheiden.« (Gerhard Fels, Anpassungszwang durch Angebotsdruck aus Entwicklungsländern.) In einem Land, das unter Arbeitskräftemangel leidet und von Jahr zu Jahr mehr Gastarbeiter braucht, kann dieser Wandel der Beschäftigtenstruktur leicht bewältigt werden, ohne daß die Betroffenen lange Zeit arbeitslos sein müßten. Bei der Umschulung gibt der Staat finanzielle Hilfe.

Nun verursacht dieser Strukturwandel auch regionale Probleme. Denn von der Konkurrenz der Entwicklungsländer sind nicht unsere reichsten, sondern unsere ärmsten Regionen betroffen, weil auch innerhalb des Landes gilt, was wir im Zusammenhang mit der weltwirtschaftlichen Arbeitsteilung gesehen haben: daß nämlich die ärmeren Regionen ihre Standortvorteile gegenüber den kapitalreichen Regionen bei der Produktion von arbeitsintensiven Erzeugnissen hatten und haben, also bei Erzeugnissen, die verstärkt von den Entwicklungsländern angeboten werden.

13. Aber es gibt in Ländern wie der Bundesrepublik auf der anderen Seite auch Regionen, die einen zu hohen Industrialisierungsgrad aufweisen und die im Zuge des weiteren wirtschaftlichen Wachstums nach neuen Möglichkeiten suchen müssen, wenn sich die Qualität des Lebens verbessern und nicht verschlechtern soll. Dann darf man sich freilich auch nicht dagegen wehren und darüber beklagen, daß in den Ballungszentren die Grundstückspreise steigen, und zwar nicht zuletzt unter dem Druck von Banken, Versicherungen und anderen Unternehmen des tertiären Sektors, die in den Zentren expandieren wollen und müssen. Wie anders als in steigenden Kosten kann der Markt- und Preismechanismus anzeigen, daß es in den Ballungsräumen zu eng wird und die eine oder andere Branche sich besser einen Standort sucht, an dem sie konkurrenzfähiger ist. Regionen, die unter dem Konkurrenzdruck der Entwicklungsländer stehen, warten nur auf die Zuwanderung solcher Branchen.

14. Politiker, die es gut meinen, aber die Zusammenhänge nicht durchschauen, und engagierte Kritiker, die das System überwinden möchten, sind schnell bereit, den Preismechanimus auszuschalten und damit den Strukturwandel zu behindern. Wenn sie Erfolg haben, gelingt es ihnen indirekt, das Wachstum zu bremsen. Denn ohne Strukturwandel gibt es für ein Land allenfalls ein Wachstum auf Kosten Dritter, d. h. auf Kosten der zurückgebliebenen Länder, von denen wir lieber die Arbeitskräfte als die Produkte ins Land holen und die auf diese Weise auch noch Ausbildungskapital verlieren, statt daß sie von uns verstärkt Kapital und technisches Wissen erhalten.

15. Damit sind wir beim Strukturwandel, der sich auf das »Wie« der Produktion bezieht. Das technische Wissen, das bei uns produziert wird, dient in erster Linie dem technischen Fortschritt bei Arbeitskräftemangel. Es fördert den arbeitssparenden und manchmal den rohstoffsparenden technischen Fortschritt. So muß es auch sein,

wenn das Wachstum weitergehen soll. Dieser technische Fortschritt ist jedoch für die armen Länder mit ihrer großen Arbeitslosigkeit gänzlich ungeeignet. Wo viel Arbeit und wenig Kapital vorhanden ist, muß die Technik kapitalsparend sein und es möglich machen, daß viele Arbeitsplätze mit geringem Kapitaleinsatz geschaffen werden. Hier liegt ein Problem, das deshalb nicht so einfach zu lösen ist, weil es einen technischen Fortschritt für den Eigengebrauch der Entwicklungsländer fast überhaupt noch nicht gibt. Die Techniker und Wissenschaftler in den Entwicklungsländern fühlen sich dem technischen Fortschritt, wie er sich an der Front in den Industrieländern vollzieht, viel stärker verbunden als der Aufgabe, den sehr niedrigen Stand der einheimischen Technik zu verbessern. Doch zeigen die agrarbiologischen Fortschritte, die die grüne Revolution ermöglicht haben, daß man den menschlichen Erfindungsgeist bewußt auch in den Dienst der ärmeren Länder stellen kann.

16. Ich fasse zusammen: Alles Wachstum ist mit Strukturwandel verbunden, und wenn ein geschlossenes System wie die Weltwirtschaft oder ein offenes System wie eine Region oder eine Volkswirtschaft in seinen Strukturen erstarren sollte, wird es an die Grenzen des Wachstums stoßen. Schnell wachsen werden jene Volkswirtschaften, die den wachstumsbedingten Strukturwandel der Nachfrage vorausgreifend erfassen und bewältigen und sich auf die Güter von morgen statt von gestern konzentrieren, also auf Erzeugnisse und Leistungen, die sehr viel Ausbildungskapital und sehr viel Forschungs- und Entwicklungsarbeit beanspruchen. Hierin wird das Schwergewicht des Wachstums in den reichen Ländern liegen. Die zurückgebliebenen Länder werden uns mehr und mehr mit Industriewaren beliefern, vor allem mit Gütern, die arbeitsintensiv hergestellt werden und wenig Einsatz an Sach- und Ausbildungskapital erfordern. Bei uns wird man mehr kulturelle Bedürfnisse befriedigen und mehr Freizeit haben, in den Entwicklungsländern kann, wenn wir den Preismechanismus spielen lassen, die Arbeitslosigkeit allmählich verschwinden. Um das Umweltproblem bei uns zu lösen, müssen wir den Preismechanismus ergänzen. Im übrigen handelt es sich um ein Problem der Ballungsgebiete, das sich in dem Maße entschärft, wie es zu einer räumlichen Dezentralisierung der

Industrie kommt und zu einem verstärkten Wachstum des modernen Dienstleistungssektors in den reichen Regionen. Die Qualität des Lebens wird sich automatisch verbessern, wenn wir mehr Qualität nachfragen – im Markt und an der Wahlurne – und dabei berücksichtigen, daß eine bessere Qualität auch ihren Preis fordert – am Markt und natürlich auch beim Staat.

Literatur

W. Beckerman, Naturwissenschaftler, Wirtschaftswissenschaftler und Umweltkatastrophe. Kieler Vortrag. Tübingen 1972

D. Biehl, E. Hussmann, S. Schnyder, Zur regionalen Einkommensverteilung in der Europäischen Wirtschaftsgemeinschaft. In: Die Weltwirtschaft. Heft 1. Tübingen 1972

C. Clark, The Conditions of Economic Progress. New York 1940

G. Fels, The Choice of Industry Mix in the Division of Labour between Developed and Developing Countries. In: Weltwirtschaftliches Archiv. Bd. 108. Heft 2, Tübingen 1972

G. Fels, P.-W. Schatz, F. Wolter, Sektoraler Strukturwandel im weltwirtschaftlichen Wachstumsprozeß. In: Die Weltwirtschaft. Heft 1. Tübingen 1970

G. F. Fisher, Production, Primary, Secondary and Tertiary. In: The Economic Record. Melbourne 1939

J. Fourastié, Le grand espoir du 20ème siècle. Progrès technique, progrès économique, progrès social. Paris 1949

T. R. Malthus, An Essay on the Principles of Population. London 1817

K. Marx und *F. Engels*, Das Kommunistische Manifest. London 1848.

D. C. Meadows u. a., Die Grenzen des Wachstums. Bericht des Club of Rome zur Lage der Menschheit. Stuttgart 1972

A. C. Pigou, The Economics of Welfare. London 1920

Sachverständigenrat zur Begutachtung der gesamtwirtschaftlichen Entwicklung. Jahresgutachten 1965/66, Kapitel 4

World Bank, A Report on the Limits to Growth. Study by a Special Task Force of the World Bank. Washington, September 1972

Hans Christoph Binswanger

Umrisse einer umweltkonformen Wirtschaftsordnung

In der ›Neuen Zürcher Zeitung‹ war vor kurzem eine satirische Glosse auf die in der Schweizer Bergwelt tätigen Spekulanten zu lesen. Diese antworten den allzu gut meinenden Touristen des alten Stils, welche die Bergwelt vor dem Massaker durch die spekulative Bebauung schützen wollen: »Wenn es Euch nicht paßt«, so sagen die Geschäftsleute gemäß der Satire, »so verduftet, Ihr altmodischen Herren! Das Massaker bringt Geld. Euch können wir ersetzen dank diesem Massaker, das viel besser organisiert ist, als Ihr ahnt, Ihr naiven Leute. An Eure Stelle treten Menschenmassen mit gefüllten Geldbeuteln, die dringend Luft brauchen und die dankbar die schlimmste Verunstaltung und Verschmutzung hinnehmen. Die Mechanisierung des Vergnügens, des Sports und der Sitten sichert uns Massengewinne, zu denen die bescheidenen, braven und regelmäßigen Einkommen, die Ihr uns anbietet, in keinem Verhältnis stehen. Um es deutlich zu sagen: hier ist etwas zu holen. Wir haben nichts übrig für die starre Ordnung; bei uns herrscht fröhliche Anarchie: die der Geschäftsleute. Die Zukunft? Die Zukunft ist des Teufels, das heißt der schrankenlosen Ausbeutung, wie Ihr wißt.«

Solche und ähnliche Vorwürfe gegen die kapitalistischen Geschäftsmethoden und die Profitgier sind heute zahlreich und machen deutlich, daß mit dem zunehmenden Umweltbewußtsein auch immer stärkere Zweifel an der Gültigkeit unserer Wirtschaftsordnung aufkommen. Ist das auf dem Privateigentum aufbauende marktwirtschaftliche System mit seinem unbegrenzten Gewinnstreben überhaupt noch in der Lage, der Überbeanspruchung der Natur durch die Expansion der Wirtschaft Herr zu werden und sie auf ein tragbares Maß herabzumindern? Oder ist unser Wirtschaftssystem geradezu auf Umweltschädigung angelegt? Muß also primär das System selbst umgestaltet werden, damit wir Umweltschutz treiben können? Hinter diesen Fragen steht einmal die richtige Erkenntnis, daß die Umweltschädigung nicht nur ein leicht zu beseitigender Nebeneffekt des wirtschaftlichen Wachstums ist, sondern tiefer reicht. Die Frage nach der umweltkonformen Wirtschaftsordnung dient aber nicht nur dazu, die Tragweite des Umweltproblems herauszustreichen. Sie wird oft auch dazu verwendet, die Sozialisierung des Eigentums und die Verstaatlichung der Wirtschaft zu fordern. Dahinter steht die Auffassung, daß eine vom Staat gelenkte, nicht mehr vom Profitmotiv getragene Wirtschaft keine Sozialkosten verursacht und daß durch eine Verstaatlichung der Produktionsmittel bereits eine umweltkonforme Wirtschaftsordnung (oder zumindest eine wesentlich bessere Voraussetzung für eine solche Ordnung) geschaffen werde. Eine solche Auffassung wird jedoch durch die Fakten widerlegt: Raubbau und Verschmutzung der Gewässer und der Luft sind auch in den sozialistischen Ländern derart fortgeschritten, daß es unmöglich ist, in der Abschaffung der Marktwirtschaft bereits die Lösung des Problems zu sehen. Würde es auch bei uns zu einer Einführung der sozialistischen Planwirtschaft kommen, so müßten wir in bezug auf die Umweltproblematik genau dort weitermachen, wo wir in unserem jetzigen System aufgehört haben.

Beide Wirtschaftsordnungen – das kapitalistische wie das sozialistische System – bauen nämlich auf der Leistungsphilosophie auf, wobei die wirtschaftliche Leistung, d. h. die industrielle Produktion, gemeint ist. Diese Leistungsphilosophie ist sowohl in ihrer westlichen wie in ihrer östlichen Version problematisch geworden. Warum? Einfach deshalb, weil die Wirtschafts-Welt so groß und die Um-Welt so klein geworden ist, daß es kein Niemandsland mehr zwischen diesen beiden Welten gibt und die eine nur auf Kosten der anderen zunehmen bzw. intakt gehalten werden kann. Entsprechend kommt es zu einem ständig zunehmenden Konflikt zwischen dem wirtschaftlichen Bedürfnis und den Umweltbedürfnissen. Als wirtschaftliches Bedürfnis kann man dasjenige nach produzierten Gütern, nach Konsumgütern, wie Nahrung, Kleidung, Wohnung, Transportleistung usw., sowie das Bedürfnis nach Investitionsgütern bezeichnen. Alle diese Güter werden nach Maßgabe ihres Geldwerts zum Sozialprodukt der Volkswirtschaft aufaddiert (was kein Geld kostet, geht nicht ins Sozialprodukt ein). Ihnen stehen drei Kategorien von Umweltgütern und -bedürfnissen gegenüber, die in der Sozialproduktrechnung *keinen* Platz finden, nämlich:

1. Das ästhetische Bedürfnis nach einem menschengemäßen, schönen, abwechslungsreichen Lebensraum in Stadt und Land,

2. das ökologische Bedürfnis nach einer sauberen und intakten Umwelt, nach gesunder Luft, gesundem Wasser, natürlichem Bewegungsraum, giftfreier Nahrung usw. und

3. das Vorsorge-Bedürfnis nach sparsamem Gebrauch und Verbrauch der natürlichen Ressourcen und damit nach der Gewährleistung von Überlebenschancen nicht nur für uns, sondern auch noch für unsere Kinder und Enkel.

Die ästhetischen Bedürfnisse haben sich schon lange, nämlich bald nach Beginn der industriellen Revolution im neunzehnten Jahrhundert unter dem Begriff des Natur- und Denkmalschutzes geltend gemacht. Die ökologischen Bedürfnisse haben seit einigen Jahrzehnten unter dem Titel des Immissionsschutzes und seit einigen Jahren unter dem Titel des Umweltschutzes zu konkreten Forderungen geführt. Neu ist jedoch die Infragestellung des Überlebens für die gesamte Menschheit durch das wirtschaftliche Wachstum, die damit verbundene Bevölkerungsexpansion und die drohende Schmälerung der Ernährungs- und Rohstoffbasis im Zusammenhang mit der Beeinträchtigung bzw. Vernichtung der natürlichen Ressourcen durch die Abfälle und die chemischen und mechanischen Einwirkungen auf den Boden. Daraus ist das Bedürfnis nach Überleben entstanden – ein Bedürfnis, das früher nicht zur Geltung kam, weil das Überleben der Menschheit – von möglichen Kriegen abgesehen – als selbstverständlich galt und daher zu keiner Forderung Anlaß gab. Spätestens seit Erscheinen des bekannten Buches von Meadows u. a., ›Die Grenzen des Wachstums‹, ist jedoch die Forderung nach einer Limitierung der wirtschaftlichen Expansion als Voraussetzung der Erhaltung unserer Lebensgrundlagen und zur Bremsung des Raubbaus laut geworden.

Wenn es gelungen ist, den ästhetischen Bedürfnissen durch Denkmal- und Naturschutz wenigstens teilweise gerecht zu werden, wenn die Immissionen in einem gewissen Ausmaß durch Aufstellung von Immissionsgrenzwerten und Gewässer- und Luftreinigungsmaßnahmen eingeschränkt werden können, ohne daß unsere Wirtschaftsordnung einer grundsätzlichen Revision unterzogen wird, so braucht es zur Erhaltung unserer Lebensgrundlagen und zur Abwehr des Raubbaus an der Natur mehr. Es braucht eine über die Natur- und Denkmalschutzgesetzgebung und die Immissions- und Umweltschutzgesetzgebung hinausgehende Reform der Wirtschaftsordnung selbst – eine Reform, das möchte ich nachdrücklich betonen, sowohl der kapitalistischen wie der sozialistischen Wirtschaftsweise.

Die Problematik der sog. Leistungsphilosophie, nämlich das rasche und immer raschere Gegeneinanderlaufen von Wirtschaft und Umwelt, von »immer mehr wollen« und »immer weniger haben« ist die Folge einer in Ost und West gleicherweise praktizierten Unterbewertung unserer natürlichen Ressourcen, d. h. unserer Rohstoffe, unseres Bodens und unserer anderen Umweltgüter, wie Luft, Wasser, Wälder usw. Beide Wirtschaftsordnungen sind so aufgebaut, daß Arbeit und Kapitalgüter teuer, Rohstoffe und Abfallablagerung billig oder sogar kostenlos sind. Die Folge davon ist, daß relativ immer zu viel Material und Energie in den Produkten verbraucht wird und immer zu viel Material als Abfall wieder ausgeschieden wird. Wir vergessen immer, daß niemals etwas aus nichts, sondern aus Rohstoffen produziert wird und etwas durch den Konsum nicht zu nichts, sondern zu Abfall wird. Wenn dann gleichzeitig das wirtschaftliche Wachstum von Jahr zu Jahr um einen bestimmten Prozentsatz steigt und dabei noch die Löhne erhöht werden sollen, dann kann dies nur geschehen, indem immer mehr Material und immer mehr Boden verbraucht wird, und zwar geschieht dies nicht nur im Ausmaß der Wachstumsrate des Sozialproduktes – das wäre an sich schon problematisch –, sondern in einem noch höheren Prozentsatz; denn wenn die Löhne steigen, die Arbeitskosten infolgedessen noch höher und daher die Materialkosten relativ billiger werden, lohnt es sich immer mehr, material- und bodenintensiv zu produzieren.

Warum sind aber die natürlichen Ressourcen so billig und warum lohnt sich daher ein ständig steigender Verbrauch an Ressourcen? Warum führt die absehbare Verknappung der Ressourcen nicht auch zu einer zunehmenden Sparsamkeit? Die eigentliche tiefere Ursache für diese Verschwendung ist in Ost und West die gleiche, der Ursache-Folge-Mechanismus allerdings etwas anders. Die entscheidende Ursache für den übermäßigen Umweltverbrauch ist die Tatsache, daß man die Umwelt als Geschenk ansieht, das uns gratis geliefert wird, für deren Nutzung man nichts oder wenig bezahlen muß und zu deren Erhaltung man daher auch keine Sorge tragen muß. Sowohl die privaten Kapitalisten im Westen als auch der sozialistische Staat im Osten benutzen ihr Eigentum an Grund und Boden vielmehr dazu, möglichst viel daraus herauszuholen, weil nur das »Herausholen«, nicht jedoch das »Erhalten« zu einer Steigerung des Sozialproduktes führt. Dieses – die Steigerung des Sozialproduktes – ist aber nach wie vor das erklärte Ziel in Ost und West.

Im *Westen* ergibt sich der umweltzerstörende Mechanismus im einzelnen aus der Struktur des Konkurrenzmechanismus. Die Konkurrenz wird nämlich um so größer, je weniger differenziert, je vergleichbarer, je homogener die Produkte sind, und dies ist der Fall, je näher man bei der Rohstoffbasis steht. Je weiter man sich jedoch von der Rohstoffbasis entfernt, je stärker die Waren industriell verarbeitet werden, um so mehr können sie dank des menschlichen Erfindungsgeistes differenziert werden, und um so größer wird wegen dieser Differenzierung der Monopolisierungsgrad. D. h., auf der Rohstoffebene und in der Nähe der Rohstoffebene inklusiv der Ebene der Agrarproduktion spielt mehr oder weniger die reine Konkurrenz eine Rolle, auf der Ebene der Industrieproduktion die monopolistische Konkurrenz. Das bedeutet aber, daß die Preise für die Rohstoffe und die Agrarprodukte durch den Konkurrenzmechanismus relativ niedrig gehalten, die Preise für die neuen, differenzierten Industrieprodukte wegen der Beschränkung der Konkurrenz hinaufgetrieben werden. Infolgedessen sind die Durchschnittsgewinne um so höher, je mehr Rohstoffe man verbraucht und in neue und komplizierte Industrieprodukte transformiert und den Boden anstatt zur Agrarproduktion zur Bebauung verwendet. Diese Tendenz zum Umweltverbrauch wird noch dadurch unterstützt, daß wegen der niedrigeren Preise und niedrigeren *Durchschnitts*gewinne im Rohstoff- und Agrarsektor sich hohe *Gesamt*gewinne nur erzielen lassen durch Massenproduktion. Dies bedeutet: die *ökonomische* Rohstoffbasis wird immer größer und billiger und damit auch der Output von Abfall immer größer – obwohl die *ökologische* Basis immer knapper und die Verschmutzungsprobleme immer größer werden. Wir können dies als das *ökonomisch-ökologische Paradoxon* bezeichnen!

Im *Osten* ist der umweltzerstörende Mechanismus im Grunde nur die Kopie des sog. kapitalistischen Mechanismus, wenn auch mit einigen Unterschieden in der Methode. Die Umweltzerstörung ergibt sich vorerst einmal aus dem Charakter der Planvorschriften, die im wesentlichen auf die Kennziffer »Bruttoproduktion« abstellen. Dies hat zur Folge, daß das Plansoll um so leichter zu erfüllen ist, je mehr Vorfabrikate es enthält oder – ganz simpel ausgedrückt – je schwerer es ist, je mehr Material darin enthalten ist. Die Tendenz zur Material- und Umweltverschwendung wird zudem ergänzt durch die marxistische Arbeitswerttheorie, wonach Waren nur in dem Ausmaß einen Wert haben, als sie Arbeit enthalten – entweder früher geleistete Arbeit, die zum Kapital geworden ist (aufgespeicherte Arbeit), oder Arbeit, die während der Produktion geleistet wird. Die Leistung des Bodens und der übrigen Umwelt jedoch – die Bodenrente – geht prinzipiell nicht in die Wertberechnung ein. Kurz ausgedrückt bedeutet dies: Umweltverbrauch als solcher kostet nichts. Genau wie im Westen ist daher auch hier die ökonomische Zielsetzung um so leichter zu erfüllen, je stärker der Rohstoff- und Umweltverbrauch ist. Wie im Westen nimmt auch hier das Sozialprodukt mit dem Umweltverbrauch, der Fortschritt auf Kosten des Raubbaus zu.

Was muß nun reformiert werden, um eine umweltgerechte Wirtschaftsordnung aufbauen zu können? An der Wurzel des heutigen Raubbaus steht ein umwelt*un*gerechter Begriff des Eigentums, und insbesondere des Eigentums an Boden und an den Bodenschätzen. Die marktwirtschaftliche Ordnung beruht auf der privaten Verfügungsgewalt über die Natur, aber in jedem Fall auf einer absoluten Verfügungsgewalt, die das Recht zur unbeschränkten Ausbeutung bzw. Ausnützung der Natur beinhaltet. Dieses Recht erhält der Eigentümer unentgeltlich durch Erbe oder allenfalls durch staatliche Zuteilung, etwa bei Erschließung noch nicht bewirtschafteten Bodens oder im Zuge von Bodenreformen. Das Eigentum kann aber auch – und das ist das Wesentliche – durch Kauf erworben werden. Dies hat zur Folge, daß Eigentum nicht auf den ererbten oder zugeteilten Umfang begrenzt bleibt, sondern in dem Ausmaß vermehrt werden kann, als die Verwendung des Eigentums durch den Käufer einen Preis rechtfertigt, der höher liegt als der Wert des Eigentums bei Weiterverwendung durch den Verkäufer. Nun kann aber vom Käufer ein um so höherer Preis bezahlt werden, je mehr er aus seinem Eigentum herausholt, je mehr er mit Hilfe vom Einsatz von Maschinen und Arbeitskräften die Bodenschätze ausbeutet bzw. Bauten mit hoher und immer höherer Ausnützungsziffer erstellt. Die gängigen Begriffe der »Ausbeutung« von Bodenschätzen bzw. der für das Bauvolumen maßgebenden »Ausnützungsziffer« sind durchaus zutreffend: es handelt sich tatsächlich – ich wiederhole dies – um eine Ausbeutung und eine Ausnützung der Natur bzw. der Umwelt. Das Entscheidende ist nun, daß der private Eigentümer keine Veranlassung hat, sparsam oder wenigstens sorgfältig mit dem Boden und den Bodenschätzen umzugehen, da er ja, wenn die Bodenschätze gehoben sind bzw. die Landschaft verbaut ist, weiteren Boden kaufen und so die Ausbeutung und Ausnützung der Umwelt immer weitertreiben kann. Wohl muß er – im Gegensatz zum sozialistischen Staat, dem der ganze Boden umsonst zur Verfügung steht – in der Regel den Boden bezahlen, wenn er ihn erwerben will, aber wenn er ihn besitzt, ist die Nutzung ebenfalls umsonst, und der Besitzer hat daher alles Interesse daran, diese Nutzung soweit wie möglich voranzutreiben.

Im gleichen Sinn kann auch der sozialistische Staat ein hohes Sozialprodukt »aus dem Boden stampfen«. Auch er muß sich nicht um die Erhaltung des Bodens und um einen sparsamen Umgang mit den Rohstoffen kümmern, weil ihm bereits das ganze Land gehört und er daher ohne weiteres ein Stück Boden um das andere ausbeuten kann. Sein Eigentumsrecht ist daher sogar noch absoluter als dasjenige des privaten Eigentümers.

Dieses Ausbeutungs- und Ausnützungs-Eigentum geht in seiner juristischen Konstruktion auf das römische Recht zurück, das das Eigentum als »dominium«, als Herrschaftsverhältnis – abgeleitet von lat. »dominus« = Herr – verstand. Danach hat der Eigentümer nicht nur das Recht, im Gebrauch der Sache nach Belieben zu verfahren, sondern sich auch den Kapitalwert der Sache durch Veräußerung zu verschaffen, d. h. das Eigentum kommerziell bzw. wirtschaftlich-finanziell auszuwerten. Im Osten hat der Staat dieses »dominium« usurpiert, aber keineswegs abgeschafft, nur daß anstelle der kommerziellen Verwertung die Plansollerfüllung tritt. Jede Beschränkung eines so gearteten Eigentumsrechts durch den Umweltschutz oder erst recht eine bewußte Begrenzung des Wachstums muß demgemäß in West und Ost als ein Ärgernis empfunden werden, das psychologischen Widerstand und Entschädigungsforderungen der privaten Eigentümer im Westen, den Protest der Planungsbehörden im Osten provoziert.

Es gibt nun aber eine ganz andere Art von Eigentum, das nicht primär auf die wirtschaftliche Verwertbarkeit, sondern auf Substanzerhaltung ausgerichtet ist. Dieses Eigentumsrecht herrscht z. B. in einer bäuerlichen Wirtschaftsordnung vor, wenn jeder Bauer für seine eigene Subsistenz, seinen eigenen Unterhalt produziert und keine Aussiedlung und Neusiedlung möglich ist; in diesem Fall ist nämlich der Bauer an einem optimalen Verhältnis zwischen gegenwärtiger Produktion und der Aufrechterhaltung der Produktionsgrundlagen interessiert und wird daher eine Überbenutzung des Bodens, also einen Raubbau, vermeiden. Der Horizont seines Wirtschaftens ist dann automatisch auch auf die Vorsorge für die künftige Generation ausgerichtet, weil er unmittelbar erkennen kann, daß deren Existenz von seiner sorgfältigen Wirtschaftsweise abhängt. Der gegenwärtige Besitzer wird so den Boden eher als Lehensgut betrachten, das er treuhänderisch verwaltet denn als egoistischen Besitz, für dessen Verwertung er niemandem Rechenschaft schuldig ist.

Ich glaube, wir müssen endlich erkennen, daß wir in einer Welt, deren enge Grenzen immer deutlicher werden, *gesamthaft* zu einer Selbstversorgungswirtschaft übergehen müssen, die nicht von der Zukunft zehrt, die also nicht ständig Güter sozusagen aus der Zukunft »importiert«, sondern von der Gegenwart lebt; denn unsere Welt muß nicht nur der gegenwärtigen, sondern auch der künftigen Generation als Produktions- und Lebensgrundlage dienen. Wir müssen uns gewissermaßen wieder als Bauern betrachten, auch wenn wir den Boden nicht mehr nur zur Nahrungsmittelproduktion, sondern auch zur Rohstoffausbeutung und – zusammen mit der gesamten Umwelt – als Grundlage der industriellen Produktion verwenden.

Was bedeutet dies konkret für das Eigentumsrecht? Es bedeutet nichts anderes, als daß der Nutznießer des Bodens und der Umwelt, der sie für wirtschaftliche Zwecke verwendet, ein Eigentumsrecht nur im Sinne einer Pacht erhalten darf, die gemäß dem Pachtvertrag nur eine beschränkte Nutzung gestattet und die allenfalls mit einer Nutzungsrente belegt wird.

Dieses Problem ist – das möchte ich noch einmal betonen – nicht von der Frage abhängig, ob eine marktwirtschaftliche oder eine planwirtschaftliche Ordnung vorherrscht. Zum Beweis und zur Untermauerung meiner These möchte ich auf eine Kritik des sowjetischen Systems hinweisen, die in der Sowjetunion selbst geäußert wurde, und in der ähnliche Gedanken entwickelt sind, wie ich sie hier vortrage.

In der Zeitschrift ›Moskwa‹ ist vor einiger Zeit ein Artikel von Vladimir Čivilichin erschienen, der den Titel trägt: »Der Boden in Not.« Darin schildert der Autor die zunehmende Bodenerosion und Bodenverschwendung in der Sowjetunion, die eine Folge der Waldrodungen, des Baus von Stauseen für Elektrizitätswerke und anderer Eingriffe in die Natur ist. Er schreibt: »Mir scheint die Zeit dafür gekommen zu sein, über die Ausgangsprinzipien der Nutzung unserer natürlichen Reichtümer nachzudenken. Gehen wir z. B. mitunter nicht deshalb so verschwenderisch mit dem Boden um, weil den Ansichten unserer Wirtschaftler und Planer eine unsinnige und konservative Annahme zugrunde liegt, derzufolge die Naturschätze eigentlich nicht unter den Begriff des Volksreichtums fallen? Boden, Wälder, Gewässer, in die keine Arbeit investiert wurde, könnten doch nicht entsprechend dem Wertgesetz in Rubeln abgeschätzt werden (so sagen sie). Diesen spekulativen Auffassungen stehen längst schon die unbestrittene These von der Erschöpfbarkeit unserer Naturschätze, der gewöhnliche gesunde Menschenverstand und die Alltagsrealität des Lebens gegenüber.«

Čivilichin macht dann den für die marxistische Doktrin revolutionären Vorschlag, eine »sozialistische Rente« einzuführen. Das bedeutet für ihn nicht, daß der Boden gekauft und verkauft werden soll, sondern vielmehr, daß die Produktionsleistung des Bodens anerkannt wird und im Preis des Produktes zum Ausdruck kommt.

»Keiner will« – so schreibt er – »mit dem Boden handeln, aber eine Wertziffer für unsere Böden würde dazu beitragen, sie richtiger zuzuteilen, zu besteuern, eine unterschiedliche Produktivität der Böden bei der Bodennutzung zu berechnen usw.« Was für den Boden gilt, trifft auch für die anderen Umweltgüter, Wasser, Luft, Rohstoffe, Wälder usw., zu.

Čivilichins Kritik und Vorschlag sind mit entsprechenden Änderungen auch auf den Westen zu übertragen. Wohl gibt es im Westen eine Bodenrente, wenn der Boden gekauft und verkauft wird, nicht aber für den Besitzer bei der Bodennutzung selbst, d. h., daß der Besitzer keine Bodenrente mehr zahlt, wenn er den Boden einmal gekauft oder geerbt hat. Genau wie der sozialistische Staat, so betrachtet auch der private Kapitalist die Verschwendung des Bodens als Produktionsmittel, für das er nichts mehr leisten muß, wenn es einmal in seinem Besitz ist und das er somit gratis im Produktionsprozeß oder Abfallablagerungsprozeß verwenden kann.

Es muß also eine neue Art von Eigentum an Boden und Umwelt geschaffen werden, ein Eigentum, das nicht abtretbar und nicht vermehrbar ist. Dieses Eigentum wäre ein Eigentum »extra commercium«, ein Bestandes- oder Erhaltungseigentum, und würde etwa als »patrimonium« zu bezeichnen sein, in Anlehnung an den lateinischen Begriff »patrimonium«, das Erbgut, Vermögen bedeutet. Es geht also um die Schaffung eines Eigentums am Volksvermögen, das wir geerbt haben aus der Vergangenheit und weiter vererben müssen, d. h. nicht leichtfertig verbrauchen dürfen. Das heute geltende kommerzielle oder wirtschaftliche Eigentum – das »dominium« – würde dementsprechend in eine Art Pachtverhältnis umgewandelt werden, so daß ein Kauf und Verkauf zwischen »Pächtern«, d. h. denjenigen, welche den Boden bzw. die Umwelt zu wirtschaftlichen Zwecken benutzen, nicht möglich ist. Wer wäre aber nun der Besitzer im Sinne des »Patrimoniums«? An sich ist es die ganze Menschheit. Aber konkret könnten es die Einwohner einer Gemeinde oder Region sein, die einen besonderen Eigentumsverband, eine Eigentumskörperschaft bilden. In keinem Fall sollte jedoch der Staat selbst Eigentümer sein, denn durch die Verstaatlichung würde nur das »dominium« durch das »imperium« verstärkt. Der Staat, der ebenso an wirtschaftlicher Nutzung interessiert ist wie private Produzenten und, wie die Erfahrung zeigt, sehr oft die Verschwendung am weitesten treibt, sollte vielmehr genauso wie Privateigentümer nur im Sinne eines Pachtverhältnisses in den Genuß von Boden- und Umweltnutzung kommen. Für die Pacht sollte im Ausmaß der zulässigen Nutzung Geld bezahlt werden, wobei ein Wettbewerb unter den Nutznießern durchaus möglich ist. Dieses Geld darf aber nur für kulturelle oder Umweltschutzmaßnahmen ausgegeben werden, um nicht das »patrimonium« doch wieder mit kommerziellen Interessen zu verquicken. Im Hinblick auf die interregionale Koordination wäre eine Nutzungsordnung auf nationaler Ebene – und wo möglich auf internationaler Ebene – aufzustellen.

Zusammenfassung

1. Zur Bewältigung der Umweltbedrohung und des Raubbaus an unseren Lebensgrundlagen genügt die allmählich anlaufende Umweltschutzgesetzgebung nicht; vielmehr braucht es eine grundsätzlichere Reform unserer Wirtschaftsordnung.

2. Vor allem geht es um die Schaffung einer umweltkonformen Eigentumsordnung. Dies hat jedoch nichts zu tun mit einer Verstaatlichung des Grund und Bodens und der Produktionsmittel. Vielmehr müssen beide Wirtschaftsordnungen, das sog. kapitalistische System des Westens wie das sog. sozialistische System des Ostens, reformiert werden, um den Raubbau an der Natur und der Umwelt einzudämmen.

3. Eine umweltkonforme Eigentumsordnung muß so gestaltet sein, daß der Gebrauch bzw. Verbrauch des Grund und Bodens, der Bodenschätze und der anderen Umweltgüter zu wirtschaftlichen Zwecken nicht mehr beliebig und kostenlos ist. Es müssen zwei Kategorien von Eigentum geschaffen werden, ein Umwelt- oder Bestandeseigentum, das wir als »patrimonium« bezeichnen können, und ein wirtschaftliches oder Nutzungseigentum im Sinne des »dominiums«, das in eine Art Pacht verwandelt wird. Das Bestandeseigentum gibt uns das Recht und die Pflicht, eine Nutzungsordnung aufzustellen, welche eine übermäßige Nutzung bzw. einen Raubbau

an der Umwelt verhindert, und die Bezahlung einer Nutzungsrente zu verlangen, die zur Instandstellung der geschädigten Umwelt und zum Immissionsschutz verwendet wird.

Der Sinn dieser Eigentumsreform liegt auf der Hand. Es geht darum, eindeutig festzustellen, was den Vorrang hat: die wirtschaftliche Nutzung oder die Aufrechterhaltung unserer Lebensgrundlagen. Wenn das zweite gelten soll, muß das Eigentumsrecht so ausgerichtet sein, daß es primär der Erhaltung und nicht dem Raubbau dient. Die Lösung dieser Eigentumsfrage ist daher die notwendige Voraussetzung dafür, daß eine echte umweltkonforme Wirtschaftsordnung aufgebaut werden kann. Diese wird allerdings noch weitere Elemente umfassen, die aber alle in die gleiche Richtung gehen: eine sukzessive Entkommerzialisierung der Wirtschaft, wofür die Entkommerzialisierung des Eigentums, das dem Erhaltungsprinzip unterstellt werden soll, die Grundlage bildet.

Georg Picht

Wir brauchen neue Überzeugungen

Wenn man an unsere Überzeugungen rührt, pflegen wir uns in die Brust zu werfen; denn »Überzeugung« nennen wir das, worüber wir nicht mit uns reden lassen. Wer sich in einer festen Bastion von unantastbaren Grundsätzen verschanzt hat, gilt als ein aufrechter Mann, als ein Charakter, der – wie man sagt – mit seinen Überzeugungen steht oder fällt. Wer seine Überzeugungen ändert, wird »gesinnungslos« genannt; er taugt, so meint man, nicht als Säule der Gesellschaft. Die Überzeugungen, die man selbst hat, sind immer richtig; die Überzeugungen der anderen nennt man »Vorurteile«. Es kann aber auch vorkommen, daß man ratlos wird, weil man bemerkt, daß *sämtliche* Überzeugungen, die eigenen wie die fremden, nicht mehr stimmen. Dann hilft es nichts, »Charakter« zu beweisen; man muß versuchen, die Wahrheit zu erkennen. In einer solchen Krise des gesamten Bestandes an herrschenden Überzeugungen befinden wir uns heute. Die Entwicklung unserer Zivilisation stellt uns vor Probleme, für die wir in den uns vertrauten Überzeugungen vergeblich eine Lösung suchen. Was hilft es uns, Überzeugungen zu haben, wenn wir mit ihnen nichts mehr anfangen können, und wenn wir uns wie Denkmalspfleger vorkommen, so oft wir uns auf sie berufen?

Die Krise der Überzeugungen, die wir durchlaufen, belehrt uns darüber, daß Überzeugungen von Faktoren abhängig sind, die wir gerne vergessen. Jede Überzeugung hat ihren Sitz und ihren Sinn innerhalb einer vorgegebenen Ordnung der Kultur, der Wirtschaft, der Gesellschaft und der politischen Verhältnisse. Wenn sich die übergreifende Ordnung ändert, geraten auch die Überzeugungen ins Wanken. So hat zum Beispiel das Nationalbewußtsein, das bis zum Ende des Zweiten Weltkrieges in Deutschland als die Grundlage aller »gesunden« politischen Überzeugungen galt, in der heutigen Welt seine frühere Bedeutung verloren. Das Subjekt des Nationalbewußtseins, der souveräne Nationalstaat, kann nicht mehr als die höchste Instanz der öffentlichen Moral betrachtet werden, weil er infolge der technisch-industriellen Entwicklung nicht mehr autonom zu handeln vermag. Die öffentliche Moral orientiert sich heute an einem neu entstehenden *internationalen* Bewußtsein, das uns im Rückblick die Beschränktheit und den Egoismus des Nationalbewußtseins alten Stils, seine Vorurteile und versteckten Lügen, durchschauen läßt.

Weil sich der Rahmen, in dem wir leben, gewandelt hat, sind auch die Überzeugungen fragwürdig geworden. Nun verändert sich heute die Welt auf allen Kontinenten und in allen Sphären des Lebens so rapide, daß es überhaupt keinen Rahmen zu geben scheint, der Bestand hat. Wir wissen nicht, worauf wir unsere Überzeugungen noch stützen sollen. Versucht man, diese Veränderungen zu beschreiben, so stößt man überall auf unkontrollierte Wachstumsprozesse: das Wachstum der Weltbevölkerung, das Wachstum der Zerstörungsgewalt der Waffen, das industrielle Wachstum, das Wachstum der Umweltbelastungen, das Wachstum des Rohstoff- und Energieverbrauchs, das Wachstum der Kommunikationsmöglichkeiten und der Informationen, das Wachstum der Reizüberflutung jeglicher Art. Unter der Oberfläche dieser noch greifbaren und meßbaren Wachstumsprozesse vollzieht sich ein unsichtbares und sehr viel unheimlicheres Wachstum: *die Zunahme der Wechselwirkungen zwischen diesen Prozessen.* Das Netz dieser Wechselwirkungen wird immer dichter. Es ist unmöglich, sie zu messen, weil sich in ihnen quantifizierbare mit nicht quantifizierbaren Faktoren durchdringen. Deshalb entziehen sie sich unserer Kontrolle. Durch dieses untergründige Spiel von Wechselwirkungen werden Rückkoppelungsmechanismen ausgelöst, die jeden einzelnen Wachstumsprozeß, solange man ihn sich selbst überläßt, in einer exponentiellen Kurve ansteigen läßt. Deshalb bestimmt die Zunahme und Verdichtung der Wechselwirkungen aus dem Hintergrund die Geschwindigkeit jedes einzelnen Wachstumsvorganges. Die vieldiskutierte Meadows-Studie hat das Verdienst, zum erstenmal eine breite Öffentlichkeit auf den verhängnisvollen Einfluß dieser Wechselwirkungen hingewiesen zu haben. Sie erfaßt nicht die Gesamtheit der Wachstumstendenzen, und es ist leicht, ihre Methodik zu kritisieren. Aber das Problem, vor das sie uns stellt, läßt sich nicht wegdiskutieren. Daß auf einer beschränkten Erdoberfläche mit beschränkten Ressourcen ein unbeschränktes exponentielles Wachstum nicht möglich sein kann, ist evident.

Uns interessiert hier die Wechselwirkung zwischen Wachstumsprozessen und Überzeugungen. Die Entwicklung der Bundesrepublik Deutschland in den letzten zehn Jahren kann uns über diese Wechselwirkung belehren. Vorherrschend war das industrielle Wachstum. Es bestand Einigkeit zwischen den Politikern aller Parteien, daß hinter der Förderung industriellen Wachstums alle anderen Aufgaben des Staates zurückstehen müßten. Nun gibt es keine Kraft, die Staat und Gesellschaft so rasch und so durchgreifend verändert wie die Expansion von Industrie und Technik. Es ist heute üblich, linksradikale Studenten oder Jungsozialisten als »System-Veränderer« zu beschimpfen. Die wirklichen System-Veränderer sind die Wachstumsförderer; sie sitzen in den Direktionsetagen der großen Industriebetriebe, in den Aufsichtsräten, in den Ministersesseln und in den Parlamenten – vor allem auf den rechten Flügeln der Parlamente. Es ist ein Widerspruch in sich selbst, wenn man gleichzeitig industrielles Wachstum steigern und konservativ sein will; denn industrielles Wachstum verändert die Welt und unterminiert alle bestehende Ordnung. Daran zeigt sich, was mit Überzeugungen passiert, wenn sie zu einem objektiven Prozeß in Widerspruch geraten.

Die einseitige Förderung industriellen Wachstums hat aber zugleich auch jene Wachstumsprozesse vorangetrieben, die seine unvermeidlichen Nebenwirkungen sind: das Wachstum der Ballungsräume, des Verkehrs, der Umweltverschmutzung und -vergiftung jeglicher Art, das Wachstum des Energieverbrauchs, des Wasserbedarfs, der Bodenpreise und das Wachstum der psychischen und sozialen Belastungen, das sich am Index der Kriminalität, des Rauschgiftverbrauchs, der Selbstmordziffer oder der Krisen der Jugend ablesen läßt. Auch diese Nebenwirkungen industriellen Wachstums nehmen exponentiell zu, weil sie sich zu einem dichten Netz von unkontrollierbaren Wechselwirkungen verflechten. Wir nähern uns sehr rasch Zuständen, die in den amerikanischen Ballungsräumen und in Japan schon eingetreten sind.

Ökonomisch schlagen sich die Nebenwirkungen des industriellen Wachstums in sozialen Kosten nieder. Das System der Marktwirtschaft täuscht uns über die Höhe der sozialen Kosten hinweg. Die Belastungen, die etwa durch die Produktion von Autos entstehen – also die Kosten für Straßenbau, Umweltverschmutzung, Unfallfolgen etc. –, finden im Preis der Wagen keinen Ausdruck. Deshalb werden, wie ich im Widerspruch zu dem von Herbert Giersch in dieser Reihe gehaltenen Vortrag feststellen muß, die Nebenwirkungen industriellen Wachstums durch den Preismechanismus *nicht* reguliert. Das wirkt sich auf die gesamte Infrastruktur unserer Gesellschaft aus – mit der einzigen Ausnahme der industriellen Investitionen, soweit diese nicht, direkt oder indirekt, durch staatliche Subventionen finanziert werden. Wir bezahlen unsere Infrastruktur durch Steuern, aber jedermann weiß, daß die Steuereinnahmen dem Staat nicht erlauben, den wachsenden Anforderungen an die Infrastruktur gerecht zu werden. Die Belastung der Infrastruktur wächst nämlich ebenfalls mit jeder neuen Stufe der technisch-industriellen Entwicklung exponentiell. Wir haben uns dem Punkt genähert, an dem der Ertrag der industriellen Produktion die sozialen Kosten, die durch diese Produktion verursacht werden, nicht mehr deckt. Da der Preismechanismus das Wachstum dieser Kosten nicht reguliert, und die Gesellschaft eine staatliche Kontrolle des industriellen Wachstums nicht erträgt, ist es unvermeidlich, daß sich infolge des Wachstums die Qualität des Lebens ständig verschlechtert. Wenn diese Entwicklung nicht gesteuert wird, nähern wir uns rasch dem Punkt, wo das ganze System kollabiert, weil eine moderne Industriegesellschaft ohne den nötigen Unterbau an Wasser- und Energieversorgung, an Schulen, Hochschulen, Krankenhäusern, Altersheimen, Straßen, Verkehrsmitteln etc. nicht bestehen kann. Da sich in allen hochindustrialisierten Ländern der gleiche Prozeß mit etwa gleicher Geschwindigkeit vollzieht, ist eine kollektive Krise der Industriestaaten abzusehen. Sie wird zu politischen Erschütterungen führen, deren Ausmaß und Folgen niemand kalkulieren kann.

Das industrielle Wachstum der überentwickelten Staaten könnte noch als Krankheitsprozeß betrachtet werden, der sich auf wenige Regionen unseres Erdballs konzentriert. Anders steht es mit dem Bevölkerungswachstum. Sämtliche Staaten werden dadurch betroffen, daß sich durch die sogenannte »Bevölkerungsexplosion« in den Entwicklungsländern die Menschheit in den nächsten dreißig Jahren verdoppeln muß – falls keine Katastrophen eintreten, die sie gewaltsam dezimieren. Man macht es sich zu einfach, wenn man die explosive Vermehrung der Population Mensch ausschließlich auf die Fortschritte der Hygiene oder Maßnahmen wie die Ausrottung der Malariamücke zurückführt. Die Mechanismen, die das generative Verhalten der Menschen regulieren, sind sehr kompliziert und unterscheiden sich von Kultur zu Kultur, von Gesellschaft zu Gesellschaft, von Stamm zu Stamm. Allgemein wird man folgendes feststellen können: Auch in den Entwicklungsländern haben sich durch die Fernwirkungen der technisch-industriellen Revolution die Lebensverhältnisse und der Erwartungshorizont so stark verändert, daß die traditionellen Mechanismen der Bevölkerungskontrolle nicht mehr funktionieren. Die Welt ist durch das industrielle Wachstum auf allen Teilen des Globus aus den Fugen geraten. Jene Regeln, nach denen sich in der vorindustriellen Epoche das Gleichgewicht der verschiedenen Ökosysteme hergestellt hat, wurden durch die veränderten Lebensbedingungen außer Kraft gesetzt, und niemand weiß, wie man die natürliche Selbstregulierung durch künstliche Kontrollen ersetzen soll. Wer könnte jenen Ökonomen Glauben schenken, die uns einreden wollen, daß man durch die Preismechanismen der liberalen Marktwirtschaft die Selbstregulierung eines Ökosystems ablösen kann?! Die wachsende Erdbevölkerung muß nicht nur ernährt, sie muß auch mit Arbeitsplätzen, Wohnungen, Schulen, Verkehrseinrichtungen und einer Substruktur von Verwaltungen versorgt werden. Das ist nur durch eine Steigerung der Produktion, also durch eine Steigerung des Energie- und Rohstoffverbrauchs möglich. So kurbeln sich industrielles Wachstum und Wachstum der Erdbevölkerung wechselseitig an. Aber die Rohstoffreserven sind begrenzt und ebenso begrenzt ist die Belastbarkeit unserer Biosphäre. Alle bisher bekannten Formen der technisch-industriellen Produktion verändern und zerstören die Natur. Es gibt alarmierende Anzeichen dafür, daß wir uns hier sehr rasch einer Grenze nähern, die nicht überschritten werden kann.

Was hat das alles mit unseren Überzeugungen zu tun? Das wirtschaftliche Verhalten der Menschen wird durch ihre Bedürfnisse bestimmt. Auf primitiven Stufen der Kulturentwicklung ist man froh, wenn man die elementaren Bedürfnisse der Lebenserhaltung zu befriedigen vermag. Aber unsere Bedürfnisse machen bei dem, was lebensnotwendig ist, nicht halt, und *das Wachstum der Ansprüche und der Erwartungen* ist für die Entwicklung der technischen Zivilisation nicht weniger wichtig als jene Wachstumsprozesse, die man in quantitativen Größen messen kann. Man pflegt die Gesamtheit jener Ansprüche, an denen sich das kollektive Verhalten einer Gesellschaft orientiert, als »Werte« zu bezeichnen. In diesem Sinne kann man sagen, daß das ökonomische Wachstum durch die Wertvorstellungen einer Gesellschaft angetrieben wird. Wir sprechen gerne von »höheren« Werten; und jedes Bedürfnis einer sozialen Gruppe oder eines Individuums wird durch ideologische Überbauten getarnt, die dazu dienen sollen, die materiellen Ziele mit unseren angeblich heiligen Überzeugungen in Einklang zu bringen. Der Begriff der »Werte« ist deshalb so beliebt, weil seine Zweideutigkeit unserem Hang zum kollektiven Selbstbetrug entgegenkommt. Wenn von »Werten« gesprochen wird, weiß niemand genau, ob von moralischen und kulturellen Werten oder von Geldwert und von Aktien die Rede ist. Die gesellschaftliche Realität, die sich hinter diesem schillernden Wort versteckt, sind Ansprüche, die befriedigt werden sollen. Das Wachstum der Ansprüche ist die große Triebkraft der industriellen Produktion und des Konsums. Es ist der Brennstoff der politischen und gesellschaftlichen Konflikte. Aus dem Wachstum der Ansprüche ergibt sich der Zwang, die übrigen Wachstumsprozesse fortwährend zu steigern. Wenn wir erkennen, daß uns der Wettlauf wachsender Ansprüche rapide einer globalen Krise entgegentreibt, die *allen* Ansprüchen ein Ende setzen konnte, sind wir zu einer »Umwertung der Werte« gezwungen. Wir müssen über Bord werfen, was schädlich ist, damit das Notwendige erhalten bleibt. Das stellt Überzeugungen in Frage, die bisher niemand anzutasten wagt.

Die erste und wichtigste dieser Überzeugungen hat sich in Europa zu Beginn der Neuzeit aus einer Umdeutung der biblischen Lehre entwickelt, der Mensch sei zur Herrschaft über die Erde berufen. Diese Lehre besagt, daß der Mensch für die Verwaltung der Erde und für die Erhaltung aller Kreaturen die Verantwortung trägt. Statt dessen hat man aus ihr herausgelesen, daß der Mensch in der Welt, die er beherrscht, alles, was er machen *kann*, auch machen *darf*. Er verfügt über die ihm anvertraute Natur wie ein Despot, dessen Willkür keine Schranken gesetzt sind. Nichts ist uns heilig; nichts bleibt vor dem Eingriff unserer brutalen Machtausübung verschont. Wir rotten Tiere und Pflanzen aus, wie es uns beliebt. Wir zerstören Landschaften, verschmutzen die Meere, beuten aus, was nur ausgebeutet werden kann, und ersticken die Erde unter dem Abfall unserer Zivilisation. Wir demontieren die Natur, ohne die Konstruktionspläne zu kennen, nach denen sich aus den zerstückelten Elementen eine neue, künstliche Welt aufbauen ließe. So ist der Mensch in den letzten zweihundert Jahren, gestützt auf die Überzeugung von der Autonomie seiner Vernunft, zu dem entsetzlichsten Raubtier geworden, das unsere Erde je gekannt hat.

Ebenso gefährlich ist die naive Überzeugung, daß Wachstum mit Fortschritt gleichzusetzen sei. Die sozialistischen wie die kapitalistischen Länder werden noch immer von dem Wahn beherrscht, daß eine Maximierung der Produktion automatisch zu einer Optimierung der sozialen Verhältnisse führe. Man meint, daß sich aus der Steigerung der *Quantität* des Konsums eine Verbesserung der *Qualität* des Lebens ergäbe. Das erklärt sich zum Teil daraus, daß weder die liberale noch die marxistische Ökonomie Kriterien entwickelt hat, die uns erlauben würden zu erkennen, wo das Optimum in der Erzeugung und der Verteilung der Güter unter gegebenen Bedingungen liegt. Wir wissen heute durch die Erkenntnisse der Ökologie, daß es annäherungsweise möglich ist, innerhalb eines Ökosystems das Optimum für eine bestimmte Population zu beschreiben. Es ergibt sich aus dem wechselnden Gleichgewicht des Verhältnisses von Population und Umwelt. Die Grenzen dieses Gleichgewichts sind durch die Regenerationsfähigkeit der Umwelt definiert. Wird hier ein bestimmter Schwellenwert überschritten, so kann – wie wir es heute bei Gewässern erleben – das ganze System umkippen. Die Population geht dann zugrunde. Malthus hat schon vor 175 Jahren seine Zeitgenossen vor einem solchen Schicksal gewarnt. Er hatte allerdings den technischen Fortschritt nicht vorausgesehen, der seinen Berechnungen den Boden zu entziehen schien. Seither glaubt die Mehrzahl der Ökonomen, pessimistische Prognosen wie die Meadows-Studie mit dem Argument widerlegen zu können, hier würden die Fehler des Malthusianismus reproduziert. Sie merken nicht, daß diesmal die Krise durch den technologischen Fortschritt selbst erzeugt worden ist. Die Bedrohung unseres Ökosystems ist durch die unkontrollierte Fortentwicklung derselben Formen von Industrialisierung entstanden, die zunächst die Prophezeiungen von Malthus zu widerlegen schienen. Wenn die Zeichen nicht trügen, befinden wir uns jetzt in der Lage jener Schwammsiedlung, von der Wilhelm Schäfer in seinem Beitrag berichtet hat. In mehreren Stadien ist es der Kolonie von Schwämmen gelungen, durch Lösungen, die man als »technisch« bezeichnen darf, den drohenden Untergang zu vermeiden. Aber schließlich wird ein Zustand erreicht, wo es keine »technische« Lösung mehr gibt; die Kolonie geht in einer Katastrophe zugrunde. Ein ähnliches Schicksal könnte auch der Menschheit bevorstehen. Es ist gefährlich sich einzureden, daß wir unsere Zukunft getrost dem automatischen Wachstum technischer Systeme anvertrauen könnten, die nur durch den Preismechanismus reguliert werden.

Tatsächlich hat das technisch-industrielle Wachstum bisheriger Art alle Gleichgewichtsverhältnisse über den Haufen geworfen. Es bedroht in lebensgefährlicher Weise das Gleichgewicht zwischen Mensch und Umwelt. Es hat unter den Völkern der Welt die Gegensätze zwischen arm und reich ins Unerträgliche gesteigert. Es führte zu Machtkonzentrationen, die das politische Gleichgewicht erschüttern, und die uns der grauenvollen Eigengesetzlichkeit der weitaus gefährlichsten Form des Wachstums, nämlich des Wachstums der Rüstungsausgaben, unterworfen haben.

Die Selbstregulierung unserer sozialen Systeme ist – wenn sie in der europäischen Zivilisation der letzten Jahrhunderte überhaupt noch gewirkt hat – durch die Entbindung und den willkürlichen Einsatz von riesigen Kapazitäten physikalischer Energie außer Kraft gesetzt worden. Wenn es überhaupt gelingen soll, die Evolution der Gattung Mensch in eine weniger katastrophale Richtung zu lenken, so dürfen wir uns nicht wie die Schwammkolonie verhalten, sondern wir müssen von jenen Fähigkeiten Gebrauch machen, die den Menschen von anderen Lebewesen unterscheiden.

Menschen haben die Möglichkeit, aus Einsicht zu handeln. Sie können um höherer Ziele willen Opfer bringen. Sie können ihre Triebe zügeln. Ein Beispiel ist das sexuelle Verhalten. Weil es um der Erhaltung der Gesellschaft willen nötig ist, haben alle Kulturen, die wir kennen, Spielregeln des sexuellen Verhaltens entwickelt, die von sämtlichen Gliedern einer Gesellschaft einschneidende Triebverzichte verlangen. Verstöße gegen diese Regeln werden mit kollektiven Sanktionen belegt. Wir wissen heute, daß wir der Fähigkeit, unseren elementaren Trieben Grenzen zu setzen, jene Umwandlung primitiver Impulse in höhere Formen der Kreativität verdanken, die die Psychoanalytiker als »Sublimierung« bezeichnen. Aus dieser Verwandlung der Bedürfnisse ist alle Kultur hervorgegangen. Während das extensive Wachstum, das den bisherigen Formen technischer Entwicklung seine Ziele gesetzt hat, der ungezügelten Befriedigung wachsender Ansprüche diente, stoßen wir heute an Grenzen, die uns zwingen werden, auch unseren Konsumgewohnheiten Schranken zu setzen. Die quantitative Expansion, der wir uns bisher so bedenkenlos hingegeben haben, muß dem Gesetz des wirklichen Fortschritts unterworfen werden. Dieses Gesetz besagt – es sei wiederholt –, daß eine Steigerung der Qualität des Lebens stets durch Triebsublimierung, also durch Verzichte, erkauft wird. Die Steigerung der Qualität des Lebens erfordert also den Übergang vom extensiven zu einem intensiven Wachstum. Das wird dann neue Technologien hervorbringen. Der *qualitativen* Verbesserung sind von der Natur keine Grenzen gesetzt. Der Mensch ist ein Lebewesen, das nicht stillstehen kann; Stagnation wäre Selbstmord. Aber die bisherige Richtung des technisch-industriellen Prozesses kann nicht fortgesetzt werden, und wenn wir dies erkennen, müssen wir alle Überzeugungen begraben, an denen sich unsere westliche Zivilisation in den letzten zweihundert Jahren berauscht hat.

Über die Autoren

Hans Christoph Binswanger, geb. 1929, Studium der Volkswirtschaft. Seit 1969 o. Professor für Volkswirtschaftslehre an der Hochschule St. Gallen.

Veröffentlichungen zur Umweltproblematik u. a.: Die Umweltschutzproblematik in Ost und West. In: Perspektiven der europäischen Zusammenarbeit bei der Lösung der Umweltschutzprobleme, 1972; Stadt, Wirtschaft und Umwelt. Beitrag zur Stadtplanungskommission Zürich, 1972.

Willy Brandt, geb. 1913, Arbeit als Journalist und historische Studien. Seit Oktober 1969 Bundeskanzler. Träger des Friedensnobelpreises 1971.

Veröffentlichungen u. a.: Koexistenz – Zwang zum Wagnis, 1963; Draußen – Schriften während der Emigration, 1966; Friedenspolitik in Europa, 1968.

Herbert Giersch, geb. 1921, Studium der Wirtschaftswissenschaft. Seit Juli 1969 o. Professor an der Universität Kiel und Direktor des Instituts für Weltwirtschaft in Kiel.

Veröffentlichungen u. a.: Allgemeine Wirtschaftspolitik – Grundlagen, 1960; Acceleration. Principle and Prospensity to Import, 1953; The Trade Optimum, 1957; Growth, Cycles, and Exchange Rates – The Experience of West Germany, Wicksell Lectures 1970, dt. in: Kontroverse Fragen der Wirtschaftspolitik, 1972.

Hans Grümm, geb. 1919, Studium der theoretischen Physik. Seit 1971 wissenschaftlich-technischer Geschäftsführer der Österreichischen Studiengesellschaft für Atomenergie (SGAE) in Wien und Seibersdorf.

Veröffentlichungen: Zahlreiche Arbeiten auf den Gebieten Korpuskularoptik, Spektralanalyse, Kernreaktorphysik, Reaktortechnik, Reaktorsicherheit, Systemanalyse und Forschungsmanagement.

Otto Koenig, geb. 1914, Studium der Psychologie, Anthropologie, Urgeschichte, Volks- und Völkerkunde. Leiter der Biologischen Station Wilhelminenberg.

Veröffentlichungen u. a.: Kultur- und Verhaltensforschung, 1970; Das Paradies vor unserer Tür, 1971; Biologische Grundlagen des Symbolbegriffes; Urmotiv Auge (in Vorbereitung).

Georg Picht, geb. 1913, Studium der Klassischen Philologie und Philosophie. Seit 1965 Inhaber des Lehrstuhls für Religionsphilosophie an der Universität Heidelberg.

Veröffentlichungen u. a.: Die deutsche Bildungskatastrophe, 1964; Mut zur Utopie, 1969; Wahrheit – Vernunft – Verantwortung, 1967; Theologie und Kirche im 20. Jahrhundert, 1971.

Bernhard Rensch, geb. 1900, Studium der Chemie, Biologie und Philosophie. Von 1947 bis zur Emeritierung 1968 o. Professor für Zoologie an der Universität Münster. Arbeitsgebiete: Evolutionsforschung, Tierpsychologie und Hirnphysiologie, Biophilosophie.

Veröffentlichungen u. a.: Neuere Probleme der Abstammungslehre, ^{3}1972; Homo sapiens. Vom Tier zum Halbgott, ^{3}1970; Biophilosophie, 1968; Gedächtnis, Begriffsbildung und Planhandlungen bei Tieren, 1973.

Wilhelm Schäfer, geb. 1912, Studium der Zoologie und Botanik, Geographie, Geologie, Kunstgeschichte und Malerei. Seit 1961 Direktor des Forschungsinstituts und Naturmuseums Senckenberg in Frankfurt/Main und seit 1972 Honorarprofessor an der Universität Frankfurt/Main. Hauptarbeitsgebiete: Funktionelle Anatomie, Aut- und Synökologie rezenter und fossiler Organismen, Biozönose und Biofazies mariner und fluviatiler Biotope. Geschichte der Biologie und Paläontologie, Theorie der Museologie und der wissenschaftlichen Graphik.

Dietrich Schmähl, geb. 1925, Studium der Medizin. Seit 1964 Direktor des Instituts für Toxikologie und Chemotherapie am Deutschen Krebsforschungszentrum Heidelberg.

Veröffentlichungen u. a.: Entstehung, Wachstum und Chemotherapie maligner Tumoren, 1970; zahlreiche Arbeiten über Fragen der Carcinogenese, Metastierung und Chemotherapie des Krebses.

Frederic Vester, geb. 1927, Studium der Biologie. Seit 1970 Geschäftsführer der Studiengruppe für Biologie und Umwelt.

Veröffentlichungen u. a.: Bausteine der Zukunft, 1968; Das Überlebensprogramm, 1972; Krebs ist anders, 1973. Zahlreiche Beiträge in Büchern und Zeitschriften, Rundfunk- und Fernsehsendungen.

Friedrich Vogel, geb. 1925, Studium der Medizin, Habilitation für Humangenetik. Professor und Direktor des Instituts für Anthropologie und Humangenetik an der Universität Heidelberg.

Veröffentlichungen u. a.: Lehrbuch der Allgemeinen Humangenetik, 1961; (mit W. Fuhrmann) Genetische Familienberatung, 1968; (mit Mitarb.) Strahlengenetik der Säuger, 1969; (mit G. Röhrborn) Chemical mutagenesis in mammals and man, 1971; (mit M. R. Chakravartti) A twin study on leprosy, 1972. Zahlreiche Aufsätze in Fachzeitschriften.

Carl Christian von Weizsäcker, geb. 1938, Studium der Volkswirtschaftslehre. Seit 1972 Professor am Institut für Mathematische Wirtschaftsforschung der Universität Bielefeld. Hauptarbeitsgebiete: Theorie des wirtschaftlichen Wachstums, Kapitaltheorie, Bildungsökonomie, Theorie der Einkommensverteilung.

Veröffentlichungen u. a.: Wachstum, Zins und optimale Investitionsquote, 1962; Zur ökonomischen Theorie des Fortschritts, 1966; Steady State Capital Theory, 1971. Zahlreiche Aufsätze in Fachzeitschriften und Periodika.

Serie Piper:

1 Hannah Arendt, Macht und Gewalt
2 Alexander und Margarete Mitscherlich, Eine deutsche Art zu lieben
3 Ich bin Bürger der DDR und lebe in der Bundesrepublik
Hrsg. Barbara Grunert-Bronnen
4 Christian Graf von Krockow, Nationalismus als deutsches Problem
5 Weizsäcker, Dohmen u. a., Baukasten gegen Systemzwänge
6 Aldous Huxley, Die Pforten der Wahrnehmung · Himmel und Hölle
7 Karl Jaspers, Chiffren der Transzendenz
8 Robert Havemann, Rückantworten an die Hauptverwaltung
»Ewige Wahrheiten«
9 Rudolf Wassermann, Der politische Richter
10 Hans Albert, Plädoyer für kritischen Rationalismus
11 Friedrich Gulda, Worte zur Musik
12 Hannah Arendt, Walter Benjamin · Bertolt Brecht
13 Karl Jaspers, Einführung in die Philosophie
14 Mario Wandruszka, Interlinguistik: Umrisse einer neuen Sprachwissenschaft
15 Michael Wertheimer, Kurze Geschichte der Psychologie
16 Hauptworte – Hauptsachen. Zwei Gespräche: Heimat Nation.
Hrsg. Mitscherlich / Kalow
17 Grebing / Greiffenhagen / Krockow / Müller, Konservatismus – Eine deutsche Bilanz
18 Leszek Kolakowski, Die Philosophie des Positivismus
19 Carlo M. Cipolla / Knut Borchardt, Bevölkerungsgeschichte Europas
20 Christa Meves, Verhaltensstörungen bei Kindern
21 Herbert Giersch, Kontroverse Fragen der Wirtschaftspolitik
22 Andreas Flitner, Spielen – Lernen
23 Karl Jaspers, Aspekte der Bundesrepublik
24 Biologie und Gesellschaft. Hrsg. Watson Fuller
25 Christian Graf von Krockow, Sport und Industriegesellschaft
26 Karl W. Deutsch, Der Nationalismus und seine Alternativen
27 Gerd Albers, Was wird aus der Stadt?
28 Über Eigentum und Gewalt. Zwei Gespräche. Hrsg. Mitscherlich / Kalow
29 Jesus und Freud. Hrsg. Heinz Zahrnt
30 Hermann Rudolph, Die Gesellschaft der DDR – eine deutsche Möglichkeit?
31 Hans Bender, Telepathie, Hellsehen und Psychokinese
32 Hildegard Hamm-Brücher, Unfähig zur Reform?
33 Jürgen-Peter Stössel, Psychopharmaka – die verordnete Anpassung
34 Hans Möller, Das Ende einer Weltwährungsordnung?

Serie Piper:

35 Willy Hochkeppel, Die Rolle der Neuen Linken in der Kulturindustrie.
36 Hannah Arendt, Wahrheit und Lüge in der Politik
37 Leonie Ossowski, Zur Bewährung ausgesetzt
38 August Kühn, Westend-Geschichte
39 Theodor Eschenburg, Matthias Erzberger
40 Knut Borchardt, Die Industrielle Revolution in Deutschland
41 Iring Fetscher, Modelle der Friedenssicherung
42 Über Treue und Familie. Zwei Gespräche
Hrsg. A. Mitscherlich / G. Kalow
43 Enteignung durch Inflation? Hrsg. Johannes Schlemmer
44 Jan Kott, Spektakel – Spektakel
45 Alexander Mitscherlich, Auf dem Weg zur vaterlosen Gesellschaft
46 Anpassung als Notwendigkeit. Hrsg. Johannes Schlemmer
47 Claus Biegert / Diethard Wies, Dein Kind ist kein Eigentum
48 Marcel Reich-Ranicki, Über Ruhestörer
49 Leszek Kolakowski, Die Gegenwärtigkeit des Mythos
50 Konrad Lorenz, Die acht Todsünden der zivilisierten Menschheit
51 Walter Jens, Fernsehen – Themen und Tabus
52 Robert Heiss, Utopie und Revolution
53 Jacques Berna, Kinder beim Analytiker
55 Manfred Bosch / Klaus Konjetzky, Für wen schreibt der eigentlich?
56 Wolfgang Schmidbauer, Sensitivitätstraining und analytische Gruppendynamik
57 Karl Jaspers, Vernunft und Existenz
58 Werkkreis Literatur der Arbeitswelt, Ein Baukran stürzt um
59 Joachim Seyppel, Wer kennt noch Heiner Stuhlfauth
60 Hans-Jochen Vogel, Reale Reformen
61 Hans Eggers, Deutsche Sprache im 20. Jahrhundert
62 Erving Goffman, Interaktion: Spaß am Spiel / Rollendistanz
63 Können wir unsere Zukunft überleben? Hrsg. G. R. Urban
64 Friedenserziehung in der Diskussion. Hrsg. Chr. Wulf
66 Fasil Iskander, Das Sternbild des Ziegentur
67 Ignatij Dworjetzkij, Der Außenseiter
68 Neue Ziele für das Wachstum. Hrsg. J. Schlemmer
71 Hanne-Lore von Canitz, Droge und Sexualität
73 K. Thimm / D. Echols, Schwarze in Deutschland
74 E. Ansermet / J.-C. Piguet, Gespräche über Musik
75 Information und Imagination